ÍNDICE

INTRODUCCIÓN

Todas las voces es un manual dirigido a estudiantes de español con un nivel A1-A2 del MCER que deseen conocer mejor algunos aspectos culturales de la lengua que están aprendiendo. El libro consta de 12 unidades temáticas que ofrecen información sobre distintos aspectos de la cultura hispana y que contribuyen a la práctica y mejora de las destrezas básicas.

Partimos de la convicción de que cultura y lengua están íntimamente ligadas y de que ser consciente de ello es parte fundamental de la enseñanza de un idioma. La comunicación se hace posible gracias a una serie de conocimientos compartidos, muchos de los cuales son culturales. No se trata solo de referentes a los que se hace alusión (y cuyo conocimiento es necesario para que la comunicación se haga efectiva), sino que, a menudo, estos referentes están codificados en el lenguaje, en el léxico o en el habla. Puede decirse, entonces, que el conocimiento cultural es algo imprescindible para dominar la lengua.

Qué entendemos por cultura

La cultura no es un bloque cerrado, fijo e inamovible, sino algo diverso y que evoluciona. En el mundo de habla hispana, tan vasto y complejo, no hay una cultura, sino muchas, que no cesan de transformarse. Esa es la idea de cultura que hemos querido presentar en este libro. Entre los aspectos culturales que pueden caracterizar a una sociedad, en el MCER se mencionan los siguientes: la vida diaria (comidas, días festivos, horario de trabajo); las condiciones de vida (niveles de vida, vivienda, asistencia social); las relaciones personales (estructura social, las relaciones entre sexos, relaciones familiares, en el trabajo, entre generaciones, entre distintas comunidades); los valores y las creencias sobre algunos temas (grupos regionales, profesiones, clases sociales, instituciones, historia, minorías, pueblos extranjeros, política, artes, religión); el lenguaje corporal; las convenciones sociales (puntualidad, regalos, vestidos, invitaciones); y el comportamiento ritual en distintas celebraciones.

Algunos de estos temas son los que hemos propuesto en las 12 unidades temáticas del libro (cada una de las cuales está dividida en varios capítulos): geografía, economía, historia, literatura, música, artes escénicas, cine, arte y paisaje, pintura y fotografía, celebraciones y fiestas, comida y, por último, ecología. Evidentemente, es imposible dar

cabida a todos los aspectos culturales que serían dignos de conocer. Sin embargo, a partir de los materiales del libro y gracias a las actividades propuestas, el alumno puede aprender mucho sobre cuestiones culturales relacionadas con la lengua española.

Objetivos del libro

Los objetivos de este libro son los siguientes:

1. Garantizar el acceso del alumno al conocimiento sociocultural del mundo hispano, intentando que perciba la diversidad cultural y lingüística que hay en él.

2. Favorecer el desarrollo de la competencia intercultural del alumno gracias a actividades que le lleven a cuestionarse sus propios valores y referencias culturales.

3. Insistir en la relación que hay entre cultura y lengua, de modo que el alumno tome conciencia de cómo se influyen mutuamente.

4. Permitir el desarrollo de las destrezas básicas (comprensión escrita, comprensión auditiva, expresión escrita, expresión oral e interacción).

5. Aprender a usar la lengua en contextos culturales determinados.

Estructura básica del libro

Todos los capítulos incluyen un texto (escrito u oral) que proporciona información sobre algún aspecto cultural relacionado con la temática de la unidad, y una serie de actividades de distinto tipo: de comprensión lectora, de comprensión auditiva, de léxico, de navegación en internet (para que el alumno descubra documentos reales, explore y resuelva ciertos enigmas) y de producción (escrita y oral), en las que se suelen tener en cuenta necesidades reales de comunicación.

En muchas de esas actividades se intenta que el alumno lleve a cabo una reflexión intercultural. Asimismo, al final de cada unidad se proponen actividades basadas en materiales audiovisuales relacionados con los temas de las mismas. Muchas de las actividades que se proponen están pensadas para hacerse en pareja o en grupos, ya que creemos que el trabajo cooperativo favorece en gran medida el aprendizaje de una lengua. III

¿CÓMO TRABAJAR CON TODAS LAS VOCES?

El libro está estructurado en 12 unidades, cada unidad se corresponde con un gran ámbito temático y está, a su vez, subdividida en capítulos. Todas las unidades del libro presentan la siguiente estructura:

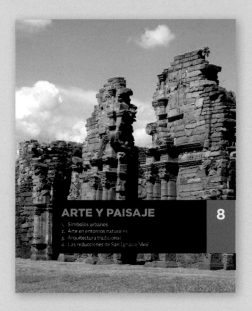

PORTADILLA

Es la primera página de cada una de las unidades del libro. En ella aparecen el número y el título de la unidad, los capítulos de los que consta y una imagen relacionada con su tema. Estos elementos pueden ayudar al alumno a anticipar el contenido de la unidad y a activar sus conocimientos previos sobre el tema.

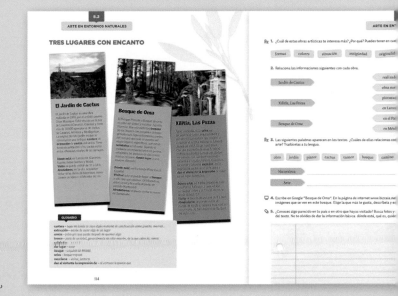

CAPÍTULOS

Tras la portadilla, se accede a los diferentes capítulos de la unidad. Cada capítulo consta de varias **actividades**.

DOS PÁGINAS COMPLEMENTARIAS

Con un vocabulario organizado alrededor de una ilustración, una propuesta de trabajo a partir de un fragmento audiovisual, dos propuestas de tareas y una lista de recomendaciones.

ACTIVIDADES

Las actividades tienen como punto de partida un documento que puede ser de muchos tipos (textos escritos: entrevistas, reportajes, biografías, blogs, recetas, folletos... o textos orales: canciones, programas de radio, encuestas, leyendas...). Todas las actividades tienen un título. Antes o al lado de cada texto, suele haber imágenes que lo ilustran y/o con las que se plantea un trabajo que ayuda a acceder a la información contenida en el documento de partida. Hemos tenido en cuenta que los **textos escritos** y los **documentos audio** fueran sencillos y adecuados a los niveles A1-A2 y que no por ello evitaran utilizar el léxico más usual y específico para cada tema. Por esta razón, hemos prestado especial atención a las actividades de trabajo con el léxico y, además, después de cada texto (escrito u oral) se aporta un pequeño **glosario**. El apartado **¿Sabías que...** aporta informaciones complementarias o curiosidades que no aparecen en el texto principal.

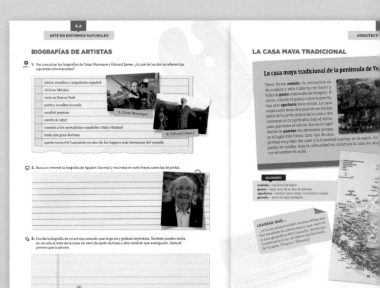

Para cada texto se proponen distintos **ejercicios** que tienen como objetivo ampliar la información proporcionada y utilizar la lengua a partir de lo que se ha aprendido. Cada ejercicio está marcado con un icono distinto, según las destrezas lingüísticas o las competencias que movilice:

Comprensión lectora. Proponemos distintas tipologías: ejercicios para que el alumno anticipe el contenido del texto y piense en lo que ya sabe de ese tema (en ese caso suelen aparecer antes del texto); ejercicios de comprensión global, en los que el alumno tendrá que entender la información esencial del texto, relacionarla con sus conocimientos previos, y reaccionar ante lo que ha leído (dando su opinión o expresando sus gustos); y ejercicios de comprensión detallada, destinados a que el alumno encuentre en el texto alguna información precisa.

CD02

Comprensión auditiva. Suelen ser ejercicios que complementan el texto escrito, pero que, en ocasiones, lo sustituyen, ya que partimos de la idea de que la cultura no siempre se lee, sino que también se escucha y se ve. Para ayudar a una comprensión eficaz, esos ejercicios están muy pautados.

Az

Léxico. Los ejercicios están relacionados con el léxico del capítulo. Aquí también proponemos distintas tipologías: clasificación por campos semánticos, formación de palabras, crucigramas y sopas de letras, búsqueda de sinónimos o antónimos y construcción de frases o utilización del léxico nuevo en un contexto determinado.

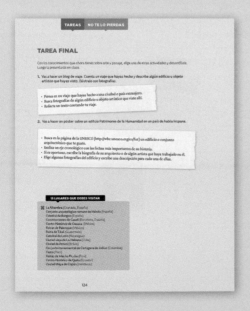

Internet. El objetivo de estos ejercicios es ampliar el conocimiento sobre el tema propuesto, o bien para descubrir aspectos nuevos o bien contrastar distintas informaciones. Casi siempre se dan indicaciones sobre las páginas que pueden consultarse.

Producción. En estos ejercicios se propone al alumno escribir algún tipo de texto escrito con lo que ha aprendido. Hemos tenido en cuenta que el producto que se le pide al alumno sea real, es decir, un tipo de texto habitual, en el contexto temático en el que ha trabajado.

Al final de cada unidad, el alumno encontrará dos páginas de fondo de color con los siguientes apartados:
Para hablar de: ejercicio de repaso de vocabulario por campos semánticos alrededor de una ilustración que hace referencia al tema de la unidad;

DVD: en la que se le propone una actividad de comprensión auditiva en torno al visionado de un vídeo. El objetivo es que el alumno ponga en práctica la destreza auditiva y que tenga acceso a documentos reales producidos en distintos países de habla hispana;
Tareas: se proponen dos tareas finales, esencialmente lúdicas y creativas, para que el alumno elija una y con ella repase todo lo aprendido en la unidad de un modo ameno;
No te lo pierdas: recomendaciones de libros, películas, webs, museos, etc., con las que el alumno podrá ampliar el tema de la unidad, si así lo desea. |||

¿POR QUÉ CULTURA?

> "Una cultura se compone de todos los que la portamos, la conocemos, apreciamos y aun procuramos enriquecerla y continuarla".
>
> **CARLOS FUENTES**, *EL ESPEJO ENTERRADO*

¿Qué entendemos por cultura? ¿Una cultura o varias? ¿Fija o evolutiva? ¿Simple o compleja? ¿Colectiva o individual? ¿Innata o aprendida? Estas son posibles definiciones del concepto cultura.

> "La representación que un grupo se da de sí mismo y de los otros a través de sus producciones materiales, obras de arte, literatura, instituciones sociales y aún los objetos de la vida cotidiana y los mecanismos que aseguran su perennidad y su transmisión".
>
> **D. JODELET**, *LES REPRÉSENTATIONS SOCIALES*

> "El sistema de creencias, valores, costumbres, conductas y artefactos compartidos, que los miembros de una sociedad usan en interacción entre ellos mismos y con su mundo, y que son transmitidos de generación en generación a través del aprendizaje".
>
> **PLOG Y BATES**, *CULTURAL ANTROPHOLOGY*

> "Lo cultural no es una realidad global, es una realidad fragmentada, múltiple, plural, que depende de numerosos factores tales como el lugar geográfico, el estrato social, el sexo, las categorías socioprofesionales, etc. Hay que hablar, pues, de las características culturales de un grupo social dado, de una época dada, y ver las cosas bajo el ángulo de la pluralidad".
>
> **CHARAUDEAU**
> *"L'INTERCULTUREL. NOUVELLE MODE OU PRATIQUE NOUVELLE?"*

Según el MCER (Marco común europeo de referencia) estas son algunas de las características socioculturales de una sociedad que todo el que aprende un idioma extranjero debería conocer:

1. **La vida diaria:** horas de comidas, días festivos, horarios de trabajo, actividades de ocio.

2. **Condiciones de vida:** niveles de vida (con variaciones regionales, sociales y culturales), condiciones de la vivienda, asistencia social.

3. **Relaciones personales:** estructura social, relaciones entre sexos, entre familiares, entre generaciones, entre comunidades, en situaciones de trabajo, con la administración, entre grupos políticos y religiosos.

4. **Los valores, las creencias y actitudes respecto a distintos factores como:** clase social, grupos profesionales, riqueza, culturas regionales, seguridad, instituciones, tradición y cambio social, personajes históricos y acontecimientos representativos, minorías, identidad nacional, países, estados y pueblos extranjeros, política, artes (música, artes visuales, literatura, teatro, canciones y música populares), religión, humor.

5. **El lenguaje corporal.**

6. **Las convenciones sociales:** puntualidad, regalos, vestidos, aperitivos, bebidas, comidas, tabúes relacionados con las conversaciones y el comportamiento, duración de la estancia, despedidas.

7. **El comportamiento ritual:** ceremonias y prácticas religiosas, nacimiento, matrimonio y muerte; comportamiento del público y de los espectadores en representaciones y ceremonias públicas; celebraciones, festividades, etc.

CULTURA Y LENGUA

Cuando nos comunicamos con otras personas no lo decimos todo. Tras las palabras o los gestos que usamos existe un conocimiento que compartimos con los demás y gracias al cual logramos comunicarnos de manera satisfactoria. Se trata en gran medida de un conocimiento sociocultural. Gracias a él, podemos entender a qué se refiere nuestro interlocutor.

Por ejemplo, si alguien nos dice que nuestra idea es quijotesca, sabemos que hace referencia a Don Quijote, un personaje literario que no veía la realidad tal como era, y por lo tanto entenderemos que nuestra idea no es realista. Y si encendemos el televisor y oímos que este año la gala de los Goya dará que hablar, pensaremos en los premios de cine que se celebran cada año en España. También nos basamos en ese conocimiento para saber cómo tenemos que decir las cosas para conseguir lo que queremos y, por lo tanto, para interpretar las actuaciones de los demás y su forma de dirigirse a nosotros.

Así pues, si tenemos que rechazar una invitación sabemos que es adecuado justificarse, porque de lo contrario pareceríamos bruscos y nuestro interlocutor podría pensar que estamos enfadados. Si respondemos una llamada de teléfono y el interlocutor nos pregunta si está Mario en casa no nos enfadaremos porque no se ha presentado antes, ya que sabemos que en España se hace así. Y si acudimos a una cena en la que varias personas hablan a la vez, no nos sentiremos ofendidos; al contrario, pensaremos que la conversación suscita interés y que los comensales se entienden bien. Asimismo, gracias a ese conocimiento sociocultural podemos identificar a la gente (o lo intentamos), saber de dónde viene, a qué ámbito social pertenece, qué tipo de profesión tiene, etc. Si oímos decir a alguien "qué padre" u "órale" pensaremos que es

⬆ *El flamenco, originario de la región de Andalucía, se ha convertido en un género de música y danza internacional.*

mexicano o por lo menos que ha estado mucho tiempo allí, ya que esas expresiones son propias del español de México. Y si alguien nos dice que comió un asado en su jardín el día de Navidad deduciremos que es del Hemisferio Sur, porque allí hace calor en Navidad, y que puede que sea argentino o chileno, ya que allí el asado es una comida típica.

La lengua evoluciona con la cultura (es fruto de ella) y a su vez la cultura se expresa mediante la lengua. Las representaciones que nos hacemos de las cosas, nuestra forma de actuar e incluso de presentarnos ante el mundo y distinguirnos de los demás mediante el uso de la lengua están influenciadas por la cultura. Por eso, cuando aprendemos un idioma extranjero no podemos olvidar esta dimensión sociocultural de la lengua.

Sin embargo, adquirir ese conocimiento sociocultural no es tan sencillo. No hay que olvidar que tenemos otros referentes y marcos culturales, y que nuestra forma de ver el mundo y de actuar en él están influenciados por ellos. A menudo, ni siquiera somos conscientes de ello y por eso podemos sentirnos incómodos frente a ciertos comportamientos que entran en conflicto con los nuestros. Incluso es posible que tengamos prejuicios o estereotipos de "esa cultura", producto de las representaciones que nuestra sociedad se ha hecho de ella. Por eso, conocer los aspectos socioculturales de la lengua que aprendemos siempre exige reflexionar y comparar, contrastar con nuestro propio conocimiento sociocultural. Se trata de descubrir aspectos nuevos y analizarlos, preguntándose por qué son así y qué significado pueden tener en otras sociedades distintas de la nuestra.

Así, poco a poco, iremos adquiriendo competencia intercultural, es decir, la capacidad de relacionar nuestros referentes y marcos culturales con los de la lengua extranjera que queremos aprender a manejar. Y podremos comunicarnos en distintos ámbitos de las sociedades en las que se habla esa lengua, sin dejar de ser quienes somos, sabiendo cómo interpretar lo que nos dicen y cómo los demás pueden interpretar lo que nosotros decimos. |||

⬆ *El asado es una comida muy típica en países como Chile y Argentina.*

GEOGRAFÍA

1

EN LA CUMBRE

Az **1.** Establece relaciones entre las fotos y las palabras. Cada foto se puede relacionar con más de una palabra.

turismo de aventura

llanura

turismo rural

playa

montaña

turismo ecológico

esquí

escalada

equitación

ciclismo

senderismo

2. De las diferentes actividades que aparecen en las fotos y en la lista de palabras ¿cuáles crees que se pueden hacer en las montañas? ¿Qué otras actividades puedes añadir?

3. A. Aquí tienes la ficha técnica de una montaña muy famosa. Léela e intenta completar la información con lo que sabes.

Ficha técnica

Nombre de la montaña: _____

Ubicación: provincia de Mendoza, Argentina.

Altitud: 6962 metros sobre el nivel del mar.

Es la montaña más alta de: _____

Primera ascensión: la primera **expedición** que alcanzó la **cumbre** lo hizo el 14 de enero de 1897.

Temporada de ascensión: de noviembre a _____

Rutas de ascensión: existen varias. La más difícil es la de la Pared sur, porque hay que escalar aproximadamente 3000 m de pared. Otra ruta, también peligrosa pero un poco menos difícil, es la del Glaciar de los Polacos. La más fácil es la ruta Normal: está catalogada como _____. Por la ruta clásica, denominada "normal", una expedición suele tardar unos _____ días.

Campamentos más importantes de la vía normal: Confluencia, está a 3200 m sobre el nivel del mar, Plaza de mulas, que es el **campamento** base, a 4200 m, Campo 1, denominado _____ , a 4960 m, Campo 2, denominado Nido de Cóndores, a 5400 m, y Campo 3, denominado Berlín, a 5950 m.

Rubén es guía de alta montaña.

CD01 **B.** Ahora vas a escuchar una entrevista a Rubén, un guía de alta montaña. Comprueba tus hipótesis y completa la información que no sabías.

4. ¿Cuál es la montaña más alta de tu país? Escribe una ficha similar a la del Aconcagua. Si lo necesitas, puedes mirar en internet.

5. A. Lee ahora la "Información de interés" sobre el Aconcagua y señala si estas frases son verdaderas o falsas:

a. Está permitido subir con animales de carga a todos los campamentos   V ☐   F ☐

b. Hay que dejar la basura en los campamentos base   V ☐   F ☐

c. Es necesario un permiso oficial para entrar en el parque   V ☐   F ☐

d. Se puede entrar al parque en bicicleta pero no con motos   V ☐   F ☐

Información de interés

Ingreso y permisos: para poder entrar al Parque Provincial Aconcagua es necesario sacar un permiso en la ciudad de Mendoza.

Basura: toda la basura debe ser recogida por los excursionistas. En el puesto de control de ingreso se entrega una bolsa numerada cada tres personas y una bolsa de plástico individual a cada persona, las que deben ser devueltas con la basura producida al abandonar el parque.

Animales de carga: solo está permitido subir con caballos o mulas hasta los campamentos base para bajar basura, transporte de materiales y de personal o rescates de montañistas.

Vehículos: no está permitido el ingreso de bicicletas o motos.

Clima: _____

Equipo: _____

B. Visita aconcagua.com.ar y amplía la ficha anterior con datos sobre el clima y el equipo necesario.

Az 6. Vuelve a escuchar la entrevista a Rubén, el guía de montaña. Las siguientes palabras aparecen en la entrevista. Lee sus definiciones y relaciónalas con la palabra correcta.

a) montañismo   preparación física específica para subir montañas

b) temporada de ascenso   atención a una persona en peligro o con problemas de salud

c) condición física   caminos o vías para subir una montaña

d) entrenamiento de montaña   ir delante de un grupo mostrando el camino

e) guiar   deporte que consiste en subir montañas altas

f) rescate   momento del año en que es posible subir una montaña; normalmente, en verano

g) rutas   capacidad del cuerpo para hacer un esfuerzo; se consigue con entrenamiento

7. Relaciona las respuestas con las siguientes preguntas sobre la entrevista. ¡Ojo, hay dos respuestas que no aparecen en el audio!

a) experiencia   b) conocimiento de geografía   d) deportistas   e) condición física

f) turistas   c) irlandés   g) entrenamiento de montaña   h) japonés   i) seguridad

¿De qué nacionalidad es el montañista que Rubén menciona en su anécdota?

_____

¿Qué personas contratan un guía?

_____

_____

¿Por qué una persona contrata un guía?

_____

¿Qué tres ventajas menciona Rubén a la hora de subir una montaña?

_____

_____

_____

8. Piensa tres preguntas más para Rubén sobre su trabajo.

¿SABÍAS QUE...

...posiblemente los incas fueron los primeros en subir regularmente a la cumbre del Aconcagua?

...el montañismo es el nombre general del deporte que consiste en subir montañas, pero en España se llama alpinismo y en América del Sur, andinismo?

...en 1986 un andinista chileno llevó en sus espaldas una mesa para demostrar en la cumbre (subido a ella) que él subió más alto que nadie?

LLANURAS

Az **1.** **A.** ¿Con qué palabras asocias las siguientes fotos? Apúntalas debajo de cada una.

silencio   personas   naturaleza   turismo   educación   cabalgatas   atardecer

animales   ciudad   ganadería   carretera   lluvia   sol   agricultura

....

....

....

....

....

....

....

....

B. Elije una de las fotos y piensa qué lugares de tu país te producen las mismas sensaciones. Apúntalos.

C. ¿En qué país/es crees que está este lugar? ¿Qué tipo de actividades turísticas crees que se pueden hacer?

2. A continuación, tienes una página de una guía turística sobre el lugar que aparece en las fotos anteriores. Léela y confirma tus respuestas.

TURISMO RURAL EN LOS LLANOS

Los Llanos es una región natural que se extiende por Colombia y Venezuela, en la **cuenca** del río Orinoco. Va desde la cordillera de los Andes, en ambos países, hasta la **desembocadura** del río Orinoco, en la costa atlántica venezolana. Es una gran extensión de **sabanas** que ocupa más de un tercio del territorio de Venezuela y casi el 20% de Colombia. Aunque abarca una gran superficie, la población es escasa. Estas tierras planas tienen muy poca inclinación, por eso se inundan en la época de lluvias y sus ríos acumulan sedimentos que forman **deltas** antes de llegar al mar. Sus habitantes se llaman llaneros y las principales actividades económicas son la ganadería y el turismo. El gran atractivo de esta zona es, sin duda, su naturaleza.

El alojamiento en zonas **rurales** es en **haciendas** ganaderas típicas, conocidas como hatos. Estas fincas combinan infraestructura turística, como piscina, espacios verdes y zona de juegos, con la posibilidad de participar en la vida rural cotidiana de los llaneros.

Entre las actividades turísticas que se pueden realizar en Los Llanos están las numerosas ferias y fiestas rurales que se organizan durante todo el año y sirven para conocer la cultura local. Muchas de ellas están relacionadas con la ganadería o con el folclore de la región. Las haciendas ganaderas también ofrecen diferentes actividades, como ecoturismo, observación de aves o de actividades ganaderas.

Desde las haciendas se pueden hacer algunas excursiones, como:

- Foto-safari de la vida silvestre
- Excursión a un hato para presenciar actividades cotidianas
- Caminatas
- Excursión en vehículos 4 X 4 o a caballo en áreas permitidas
- Excursión en bicicleta
- Navegación y práctica de deportes acuáticos
- Pesca

CIUDADES IMPORTANTES

En Colombia: Orocué, antiguo puerto del llano, con mucho potencial turístico; Paz de Ariporo (15.900 habitantes aproximadamente); San Martín de los Llanos, uno de los municipios más antiguos del país (21.500 hab. aprox.); Villavicencio, es la ciudad más importante de la región (400.000 hab. aprox.)

En Venezuela: Barinas (263.200 hab. aprox.); San Fernando de Apure, (152.000 hab. aprox.); San Juan de Los Morros (147.000 hab. aprox.); Temblador (37.800 hab. aprox.)

CÓMO LLEGAR

En Venezuela existen aeropuertos en San Fernando de Apure y en el estado de Guárico. En Colombia, desde el aeropuerto de Villavicencio. También son accesibles por carretera, en autobuses o vehículos 4 X 4.

EQUIPAJE MÍNIMO

Ropa ligera y de manga larga, zapatillas deportivas o botas, gorra o sombrero, protector solar, repelente de insectos, cámara fotográfica, binoculares.

GLOSARIO

cuenca – *superficie que ocupa un río y todos sus afluentes (ríos secundarios)*
desembocadura – *parte final de un río, donde entra en el mar o en un lago*
sabanas – *llanuras con pocos árboles*
inundar – *cubrir de agua una gran superficie de tierra*
delta – *división de un río en varios brazos que forman islas entre ellos*
rural – *relacionado con el campo*
hacienda – *propiedad rural con agricultura o ganadería*

3. Responde las siguientes preguntas sobre el texto:

   a. ¿Cómo se llama el río que atraviesa esta región y por qué países pasa?
   b. ¿Por qué el río desemboca en forma de delta?
   c. ¿Con qué otro nombre se conoce a las haciendas ganaderas?
   d. ¿Con qué temas están relacionadas las ferias y fiestas?

4. Elige una de las excursiones que se pueden hacer en Los Llanos y organízala. Puedes escribir sobre la duración, las actividades que se pueden realizar ahí, los medios de transporte, las cosas que hay que llevar, etc.

BLOG: RELATO DE UN VIAJERO COLOMBIANO

1. A. Observa la foto que aparece en el blog. ¿Sobre qué tema piensas que escribe su autor? Puedes marcar más de una palabra.

ciudades   inventos   mosquitos   fiestas populares   paseos por el campo   cabalgatas

B. Ahora lee el texto y comprueba tus respuestas.

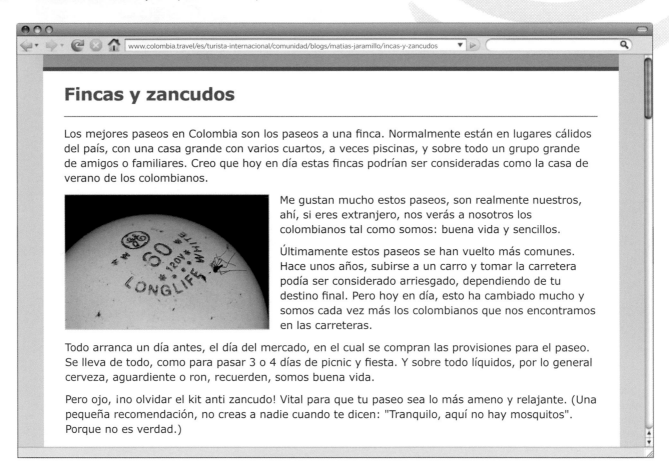

www.colombia.travel/es/turista-internacional/comunidad/blogs/matias-jaramillo/incas-y-zancudos

Fincas y zancudos

Los mejores paseos en Colombia son los paseos a una finca. Normalmente están en lugares cálidos del país, con una casa grande con varios cuartos, a veces piscinas, y sobre todo un grupo grande de amigos o familiares. Creo que hoy en día estas fincas podrían ser consideradas como la casa de verano de los colombianos.

Me gustan mucho estos paseos, son realmente nuestros, ahí, si eres extranjero, nos verás a nosotros los colombianos tal como somos: buena vida y sencillos.

Últimamente estos paseos se han vuelto más comunes. Hace unos años, subirse a un carro y tomar la carretera podía ser considerado arriesgado, dependiendo de tu destino final. Pero hoy en día, esto ha cambiado mucho y somos cada vez más los colombianos que nos encontramos en las carreteras.

Todo arranca un día antes, el día del mercado, en el cual se compran las provisiones para el paseo. Se lleva de todo, como para pasar 3 o 4 días de picnic y fiesta. Y sobre todo líquidos, por lo general cerveza, aguardiente o ron, recuerden, somos buena vida.

Pero ojo, ¡no olvidar el kit anti zancudo! Vital para que tu paseo sea lo más ameno y relajante. (Una pequeña recomendación, no creas a nadie cuando te dicen: "Tranquilo, aquí no hay mosquitos". Porque no es verdad.)

Az 2. Busca en el texto los sinónimos de estas tres palabras:

casa de verano   _____

día de mercado   _____

zancudos   _____

3. Piensa en el lugar que más te gusta de tu país y escribe una entrada de blog con alguna recomendación como la que acabas de leer.

LA TIERRA DEL LLANERO

📄 **1.** Lee el siguiente reportaje en el que un llanero describe cómo es el lugar donde vive.

La tierra del llanero

¿Cómo es el clima de esta región?
Tropical. Y como la temperatura es alta todo el año, las estaciones están marcadas por las lluvias. La **estación seca** coincide con el verano y es el mejor momento para moverse por el territorio porque la tierra está seca. También es buena época para observar gran cantidad de animales reunidos alrededor de la poca agua que queda después de las lluvias. En invierno es cuando más llueve, así que es ideal para apreciar la diversidad de plantas porque están en todo su esplendor.

¿Y qué tipo de vegetación hay en esta zona?
La vegetación es de sabana, con pocos árboles y **pastos** naturales muy ricos para el ganado, así que la ganadería es una de nuestras actividades principales. Por eso hay que ser muy buen **jinete** para controlar a los animales.

Entonces me imagino que un plato típico llanero debe de ser con carne ¿no?
Sí. El plato típico es la *Ternera a la llanera*, también conocida como mamona ya que el animal solo **ha mamado** leche materna. Es una carne tierna que se prepara con sal y sin condimentos. La carne se atraviesa con una estaca que se clava alrededor del fuego y se asa lentamente. Se acompaña con patata, **yuca**, guacamole y **ají**.

GLOSARIO

estación seca – *partes del año en que no llueve*
pastos – *hierbas que comen los animales*
jinete – *persona que monta a caballo*
mamar – *alimentarse con la leche de la madre*
yuca – *planta comestible que crece bajo tierra, como la patata*
ají – *especia picante; guindilla, chile*

2. ¿Cuál de estas tres frases crees que resume mejor el texto?

☐ Los llanos venezolanos tienen clima tropical lluvioso, con cultivo de yuca y patata y la vegetación típica son los árboles.

☐ Los llanos tienen un invierno seco, momento ideal para observar cómo los animales comen pasto alrededor del agua. Sus habitantes comen carne asada con guacamole.

☐ El llanero vive en una sabana tropical con dos estaciones. Los pastos naturales alimentan al ganado, que proporciona la carne para preparar la mamona, que es un plato típico.

🏷️ **3.** Describe cómo es la región de tu país en la que vives. Comenta sus costumbres y actividades, el clima y algún plato o bebida típicos.

COSTAS

1. ¿Sabes cómo se llama el mar que se encuentra al norte de España? Busca en internet un mapa de la región y apunta en el mapa de abajo su nombre y los de las dos ciudades más importantes que están en la costa.

Mar

Rutas por España: la costa cantábrica

Inicio: San Vicente de la Barquera
Llegada: Castro Uridiales
Ciudades de paso: Comillas, Santillana de Mar, Santander
Cantidad de km: 130 aproximadamente

La costa Cantábrica se divide en dos grandes partes: la occidental y la oriental. El **recorrido** comienza en la parte occidental, en San Vicente de la Barquera, la principal villa marinera de la región. Situada a los pies de los Picos de Europa, que forman parte de la cordillera Cantábrica, tiene también un conjunto de playas muy atractivas. De camino a Santillana del Mar, nos detenemos en la villa de Comillas, una antigua población marinera con una mezcla de arquitectura popular y modernista. Cuando llegamos a Santillana del Mar, nos encontramos con uno de los conjuntos histórico-artístico mejor conservados de España. Es una **aldea** medieval del siglo IX, donde se mezclan edificios medievales, renacentistas y barrocos. Muy cerca de Santillana se encuentran las Cuevas de Altamira, que contienen **pinturas rupestres** de gran valor histórico y antropológico. La segunda parte de la ruta es la de la costa oriental y va desde la bahía de Santander hasta la villa de Castro Urdiales. Esta parte de la costa es una sucesión de acantilados y de magníficas playas. La ciudad más importante es Santander, capital de la Comunidad Autónoma de Cantabria. Tiene uno de los principales puertos de la costa cantábrica, con conexión diaria con Inglaterra, y magníficas playas, como El Sardinero. La última ciudad del recorrido es Castro Urdiales, un antiguo puerto romano que tiene en el centro urbano varias playas y una piscina natural que se llena cuando sube la marea.

GLOSARIO

recorrido – _camino con paradas en lugares interesantes_
aldea – _pueblo pequeño_
pinturas rupestres – _dibujo prehistórico en las paredes de algunas cuevas_

¿SABÍAS QUE...
...Santander es la única ciudad costera del norte de España orientada al sur?

Az **2.** **A.** Traduce a tu lengua las nueve palabras que aparecen subrayadas en el texto.

B. Lee la definición de siete de ellas y escribe al lado la palabra.

C. Búscalas en la sopa de letras para comprobar que las palabras que has apuntado son las correctas.

1. Tipo de costa que termina en el mar de forma vertical y abrupta, sin playa
_____

2. Entrada de mar en una costa
_____

3. Subida y bajada del nivel mar
_____

4. Montañas enlazadas entre sí
_____

5. Lugar de la costa donde paran los barcos para subir y bajar personas o carga
_____

6. Orilla del mar, con arena o grava
_____

7. Hueco o cavidad de gran tamaño en la tierra o en la montaña
_____

G	M	N	Z	E	C	A	S	N	O
I	A	D	K	M	O	V	T	P	D
R	R	Q	W	T	R	E	V	G	A
N	E	B	R	U	D	U	M	N	L
O	A	E	G	S	I	C	I	B	I
A	U	X	P	Z	L	R	Y	A	T
P	F	L	L	B	L	Q	D	H	N
V	T	C	A	B	E	L	J	I	A
G	E	R	Y	Q	R	A	Y	A	C
Z	U	Q	A	Q	A	R	Q	A	A

3. Busca en el texto la información para completar el crucigrama.

VERTICALES
1. Capital de la Comunidad Autónoma de Cantabria
2. Ciudad que era un antiguo puerto romano
3. Nombre de las cuevas donde hay pinturas rupestres

HORIZONTALES
4. Población donde se mezclan arquitectura popular y modernista
5. Nombre de una de las playas de la ciudad de Santander
6. Nombre de una ciudad medieval, la tercera de la ruta
7. País con conexión diaria por ferry desde el puerto de Santander

4. Busca en internet y completa la ruta con información sobre alojamiento, restaurantes y lugares de interés para visitar en las ciudades de la ruta. Elige un lugar para dormir, uno para comer y dos para visitar. Justifica tu elección.

INFORMACIÓN DE INTERÉS

1. Aquí tienes una página web de viajes con datos de interés sobre la costa cantábrica. Léela y descubre información importante para organizar tu viaje.

Guía de Viaje

- ▸ ¿Qué ver en Costa Cantábrica?
- ▸ ¿Cuándo ir?
- ▸ ¿Cómo es Costa Cantábrica?
- ▸ Idioma, moneda...
- ▸ Visados, vacunas...
- ▸ Actividades
- ▸ Fotos de Costa Cantábrica
- ▸ Viajar con niños

Costa Cantábrica

Cuándo ir a Costa Cantábrica

Ene	Feb	Mar	Abr	May	Jun	Jul	Ago	Sep	Oct	Nov	Dic
☹	☹	☺	☺	☺	☺	☺	☺	☺	☺	☹	☹

El tiempo en Costa Cantábrica
La costa cantábrica es la región más húmeda de España, y las precipitaciones, aunque más abundantes en invierno, se reparten durante todo el año. Los inviernos son suaves y es raro que las temperaturas alcancen los cero grados. El verano es incierto y, aunque obviamente las temperaturas son normalmente agradables durante el día, será necesario muchas veces ponerse un chaqueta por las noches.

Información turística sobre Costa Cantábrica

01 Idioma en Costa Cantábrica
El español es idioma oficial y el más hablado en la costa cantábrica. Además en su extremo occidental (Galicia) el gallego es también oficial y frecuente. En Asturias, el bable (o asturiano) es minoritario. En el extremo oriental (País Vasco) el euskera es oficial y su uso es creciente.

02 Moneda de Costa Cantábrica
La moneda de Costa Cantábrica es el euro (EUR). En este conversor de divisas puedes hallar su tipo de cambio respecto a cualquier otra moneda.

03 Horarios en Costa Cantábrica
Como en el resto de España las comidas y las cenas se realizan bastante tarde. Los horarios comerciales habituales se extienden de diez a una y media por las mañanas, cierre para comer, y apertura de cuatro y media a ocho. Por supuesto, los centros comerciales tienen horarios más amplios.

04 Política en Costa Cantábrica
Las comunidades autónomas del País Vasco y Galicia se consideran históricas y tienen un elevado grado de autogobierno. Asturias y Cantabria son comunidades autónomas comunes. En todos los casos hay un parlamento regional y los gobiernos locales que conforman, junto con la administración central, el entramado administrativo español.

05 Religión en Costa Cantábrica
Mayoritariamente católica.

2. Di si las siguientes oraciones son verdaderas o falsas. Corrige la información incorrecta.

a. La mejor época del año para viajar a la costa cantábrica es de abril a septiembre.   V ☐   F ☐

b. En la costa cantábrica se hablan cuatro idiomas oficiales: español, gallego, euskera y bable.   V ☐   F ☐

c. La costa cantábrica se extiende por Galicia, Asturias, Cantabria, País Vasco y Navarra.   V ☐   F ☐

d. Las tiendas normalmente cierran de 13.30 a 16.30.   V ☐   F ☐

Az 3. A. ¿Qué palabra no tiene relación con la serie? ¿Por qué? Excepto las palabras intrusas, todas las demás aparecen en el texto.

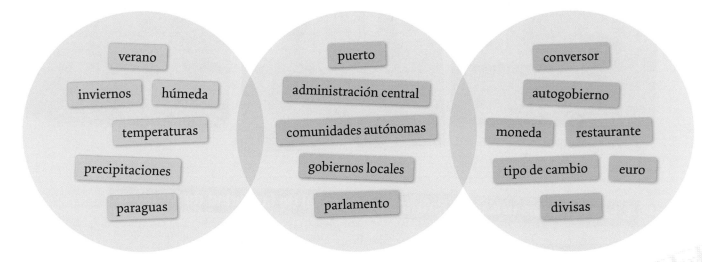

verano

inviernos   húmeda

temperaturas

precipitaciones

paraguas

puerto

administración central

comunidades autónomas

gobiernos locales

parlamento

conversor

autogobierno

moneda   restaurante

tipo de cambio   euro

divisas

B. Traduce a tu lengua las palabras que no conoces.

4. Visita el apartado "Vuelos Costa Cantábrica" de la página web de la imagen (www.buscounviaje. com/vuelos/costa-cantabrica.espana.php). Busca un vuelo + hotel desde alguna ciudad de tu país a diferentes ciudades de la costa cantábrica. Apunta la combinación más barata que encuentres para una estancia de tres días para ti y otra persona.

PAISAJES TRANSFORMADOS

Los **paisajes transformados** son los espacios organizados y adaptados por las personas para desarrollar sus actividades, como ciudades, carreteras, puentes, áreas de cultivo o cualquier otro elemento del paisaje creado por el ser humano.

1. A. Lee la definición de paisajes transformados por el ser humano.

B. ¿Qué otros ejemplos se te ocurren? Haz una lista.

C. Aquí tienes tres fotos de paisajes transformados. Lee los textos y relaciónalos con cada foto.

1. Las acequias urbanas, Patrimonio Cultural de la ciudad de Mendoza

Cuando comenzó la conquista de América, muchas de sus ciudades ya tenían un sistema de **acequias** que se mantuvo durante el período colonial, pero que desaparecieron poco a poco. Sin embargo, en Mendoza (Argentina) las acequias han llegado hasta la actualidad. Su historia comienza en tiempos prehispánicos, con los primeros pobladores de la zona, los huarpes, que aprovechaban canales naturales para regar sus cultivos. Más tarde, cuando los incas llegaron a la región, usaron la red existente y la mejoraron. A la llegada de los españoles, unos 80 años después que los incas, la red era tan compleja que tuvieron que adaptar su tradicional cuadrícula de calles a las acequias y canales que existían. El sistema funcionó para llevar agua **potable** y de riego desde el siglo XVI hasta fines del siglo XIX, cuando ambos comenzaron a funcionar a través de tuberías. En esa época (1861) hubo un **terremoto** que destruyó la ciudad y durante la reconstrucción se reordenaron las acequias. Actualmente las acequias de Mendoza están presentes a ambos lados de todas las calles de la ciudad, entre la calle y la **acera**, y sirven para **regar** los más de 45.000 árboles que conforman un auténtico bosque urbano.

¿SABÍAS QUE...
...Mendoza es un caso único en el mundo de ciudad con acequias urbanas en todas sus calles? Las acequias de Mendoza suman aproximadamente 500 kilómetros.

GLOSARIO

acequia – *canal pequeño que sirve para conducir agua para regar*
potable – *apta para el consumo humano*
terremoto – *movimiento violento de la tierra que puede provocar la caída de casas y edificios*
acera – *lugar por donde caminan las personas, al lado de las calles*
regar – *usar agua para humedecer la tierra donde crecen las plantas*

2. Las terrazas de cultivo prehispánicas

Los andenes o terrazas agrícolas son terrenos llanos creados por el ser humano en forma de grandes **escalones** en la ladera de una montaña y sirven para cultivar. Nacieron en las zonas montañosas de Perú donde los **valles** de los ríos eran muy **estrechos** para la agricultura a gran escala. Por eso los pueblos andinos crearon los primeros andenes para poder cultivar en las montañas. La construcción masiva de andenes comienza con la cultura **huari** en el siglo VI. Los **incas** recibieron esta **herencia** y en el siglo XV perfeccionaron la construcción de las terrazas. La mayoría de las que hoy existen son prehispánicas y muchas se utilizan en la actualidad, lo que refleja la buena calidad de su construcción.

Los andenes mejor conservados se encuentran entre el centro de Perú y el norte de Bolivia. En el valle del Colca (Perú) están las terrazas que construyeron los **collaguas** a partir del siglo XI. En las islas del lago Titicaca (Bolivia-Perú) se encuentran las que construyeron los **aimaras**. En el valle Sagrado de los Incas, en Cuzco (Perú), destacan los andenes de Moray y las enormes terrazas de Pisaq y Ollantaytambo.

GLOSARIO

escalones – *partes de una escalera donde apoyamos el pie para subir o bajar*
valle – *lugar más bajo entre dos montañas*
estrecho – *angosto, poco ancho*
huari, inca, collagua, aimara – *pueblos indígenas de América del Sur*
herencia – *bienes culturales, sociales y económicos que pasan de una generación a otra*

3. La viticultura en Lanzarote

Lanzarote es una isla española de origen volcánico y forma parte del **archipiélago** canario. Está en el océano Atlántico, muy cerca de la costa de Marruecos y de Sahara Occidental, en el noroeste de África. El cultivo de la **vid** en Lanzarote comenzó en el siglo XIV, pero siempre tuvo dos condicionantes: los fuertes vientos y la **ceniza** volcánica, también llamada "picón", que cubre toda la isla. Por eso es necesario preparar el terreno para poder cultivar. Primero hay que excavar en la ceniza hasta encontrar la tierra donde se planta la vid, y luego se deben construir unas paredes de piedra también volcánica de unos 40 centímetros de altura para proteger las plantas de los vientos.

La isla de Lanzarote tiene poca agua para el riego, así que la vid ocupa terrenos de secano, es decir que se riegan con las lluvias, y por eso no son posibles otros cultivos. En la isla llueve poco, pero la ceniza que cubre el suelo conserva muy bien la humedad de la tierra. Aunque la producción de uva no es mucha, esta particular forma de cultivar ayuda, además, a evitar la **erosión** de las laderas de las montañas.

GLOSARIO

archipiélago – *grupo de islas*
vid – *planta que produce uvas, con las que se fabrica el vino*
ceniza – *polvo que queda después de quemar algo*
erosión – *desgaste de la superficie de la tierra*

2. Resume cada uno de los textos en una o dos líneas.

1	2	3

Az 3. A. Encuentra la palabra intrusa en el vocabulario de cada lista.

isla   ceniza   vid   volcánica   Cuba   vientos   paredes   lluvias

acequias   canales   agua   árboles   tuberías   riego   volcanes

cultivos   calles   agricultura   incas   terrazas   montañas   aimaras

B. Traduce a tu lengua las palabras que no conoces.

4. ¿En tu país hay algún paisaje similar? Si no hay ninguno parecido, ¿cuál crees que es el paisaje transformado que mejor representa a tu país? Escribe un pequeño texto de cinco líneas como los que has leído. Busca en internet tres fotos de ese lugar y piensa un título para cada una. Muéstralas al resto de la clase y explica cada foto.

PARA HABLAR DE

ACTIVIDADES
turismo, agricultura, deporte,
excursiones, ruta, ganadería, riego

_____
_____
_____

PAISAJES Y LUGARES
montaña, llanura, costa,
cultivo, acequia, terraza, río,
hacienda, playas

_____
_____
_____

PERSONAS
guía, excursionistas,
deportistas

_____
_____
_____

DVD

1. A. Mira el primer minuto del fragmento sin audio. ¿Con qué capítulo de la unidad relacionas las imágenes?

B. Ahora mira y escucha el fragmento completo y marca los temas que tocan en el vídeo.

☐ deporte   ☐ salud   ☐ entrenamiento   ☐ aclimatación   ☐ turismo

☐ tiempo atmosférico   ☐ arte   ☐ alimentación   ☐ plan de ascensión

2. Vuelve a mirar el fragmento y responde a las siguientes preguntas:

a. ¿En qué campamento transcurre el fragmento? _____

b. ¿A qué altura ha pintado el artista uno de los cuadros de la galería? _____

c. ¿Qué cantidad de dinero le ofreció un montañista al médico del campamento para permitirle subir? _____

d. ¿Cuál es la previsión del tiempo? _____

TAREA FINAL

Con los conocimientos que ahora tienes sobre geografía, elige una de estas actividades y desarróllala. Luego la presentarás en clase.

1. Vas a hacer un reportaje fotográfico sobre un paisaje de tu país transformado por el ser humano.

- Elige un paisaje transformado declarado Patrimonio de la Humanidad de la lista de abajo y redacta una introducción para presentar el paisaje que has elegido. Incluye fecha de construcción, ubicación y una breve historia.
- Busca imágenes en internet y elige las que vas a mostrar (unas 10).
- Piensa un pie de foto para cada una y elige la música que va a acompañar tu presentación.
- Elige un formato para presentar el paisaje (power point, exposición, vídeo...).

2. Vas a escribir una ficha de una montaña del mundo hispánico para crear un juego sobre geografía de las montañas con todas las fichas de la clase.

- Elige una montaña del mundo hispánico de más de 4000 m y redacta una ficha similar a la del Aconcagua.
- Piensa dos preguntas sobre la montaña que has elegido y dos preguntas sobre montañas de América Latina y España; por ejemplo: ¿En qué país está el Huascarán? ¿Cuál es el pico más alto en España peninsular? ¿En qué isla española se encuentra el Teide? ¿Qué otro nombre tiene el Citlaltépetl? ¿Cuál es el pico más alto de América Central?
- En un mapa del mundo tus compañeros tienen que colgar la ficha que has escrito y responder las preguntas que has pensado.

MONTAÑAS IMPORTANTES DEL MUNDO HISPÁNICO

⌘ **Nevado Ojos del Salado (6893 m)**, Puna de Atacama, Argentina
Cerro Bonete (6759 m), Puna de Atacama, Argentina
Nevado Huascarán (6746 m), Andes peruanos
Cerro Mercedario (6720 m), Andes centrales, Argentina
Pico de Orizaba o Citlaltépetl (5636 m), Cordillera Neovolcánica, México
Cerro Tupungato (6565 m), Andes centrales, Argentina
Volcán Popocatépetl (5400 m), Cordillera Neovolcánica, México
Teide (3718 m), Santa Cruz de Tenerife, Islas Canarias, España
Mulhacén (3482 m), Sierra Nevada, Granada, España
Aneto (3404 m), Pirineos de Huesca, España

COSTAS Y PLAYAS DEL MUNDO HISPÁNICO

⌘ **Cayo Coco**, en Cuba
Costa ambar, en Respública Dominicana
Costa del Golfo de California, en México
Costa Brava, en España
Costa Verde, en Perú
El Cuco, en El Salvador
Los Roques, en Venezuela
Punta del Este, en Uruguay
San Andrés, en Colombia
Yandup, en Panamá

LAS GRANDES LLANURAS

⌘ **El gran chaco o llanura chaqueña**, se extiende por parte de los actuales territorios de Argentina, Bolivia, Brasil y Paraguay.
La llanura pampeana se extiende desde el centro de Argentina hasta Uruguay, hacia el este, y hasta el sur de Brasil, hacia el norte.

PAISAJES TRANSFORMADOS

⌘ **Declarados Patrimonio de la Humanidad:**
Acueducto romano en Segovia, España
Ciudad prehispánica de Teotihuacan, México
Ciudad vieja de La Habana, Cuba
Misiones Jesuitas Guaraníes, Argentina
Puerto y fortalezas de Cartagena de Indias, Colombia
Ruinas mayas de Copán, Honduras
Ruinas mayas de Tikal, Guatemala
Torre de Hércules, A Coruña, España

ECONOMÍA

2

EL DINERO

1. Aquí tienes imágenes de diferentes monedas oficiales. Relaciona cada una con el país de habla hispana donde se utiliza.

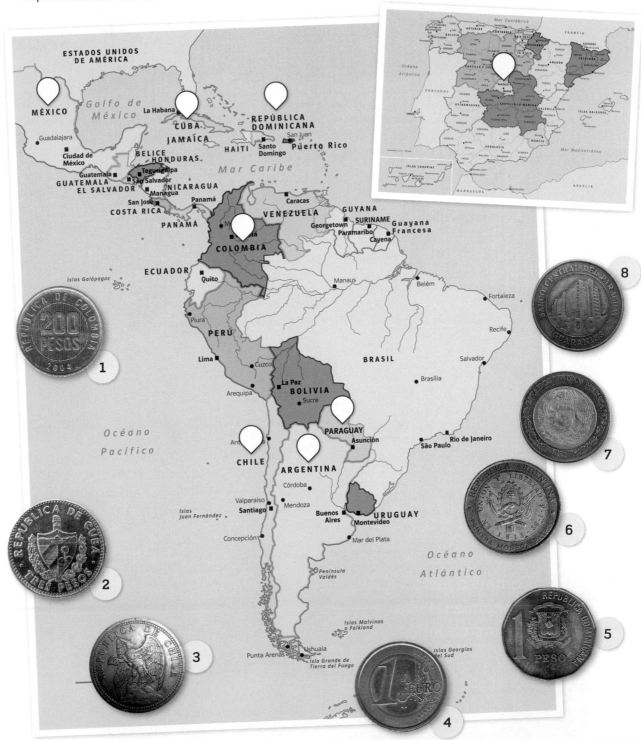

2. Ahora lee estas dos biografías de dos de las monedas de la actividad anterior.

El peso, una moneda con casi cinco siglos

La historia del peso ($) comienza en el periodo colonial español, con la creación de la primera **casa de moneda** de América, **fundada** en 1535 en la Ciudad de México. La moneda que comenzó a **acuñar** al año siguiente equivalía a ocho reales españoles y se llamó real de a ocho. También se conocía como duro, peso duro o peso fuerte.

El comercio fue el motor de la expansión global del peso. Su difusión comenzó con las rutas que salían desde diferentes puertos españoles en Europa y América hacia Filipinas, China y otras partes de Asia. Muchas de las monedas actuales, como el dólar canadiense, el dólar estadounidense o el yuan chino, así como las monedas de Latinoamérica y de Filipinas, se basan en el antiguo peso o real de a ocho.

El peso es la moneda **de curso legal** en siete países de América (Argentina, Chile, Colombia, Cuba, México, República Dominicana y Uruguay) y también es el nombre de la moneda de Filipinas, país con mucha tradición hispanohablante. Además, ha sido la moneda de otros ocho países hispanohablantes.

¿SABÍAS QUE...

...el peso fue la primera moneda del mundo en utilizar el símbolo $?

...hay cuatro países de habla hispana que utilizan el dólar estadounidense como moneda de curso legal: Puerto Rico, Ecuador, El Salvador y Panamá?

... el peso mexicano fue la moneda de curso legal en Estados Unidos desde 1785 hasta 1857?

...en Nicaragua la moneda se llama "córdoba" porque ese era uno de los apellidos de su conquistador: Francisco Hernández de Córdoba?

...el quetzal es el ave nacional de Guatemala y el nombre de su moneda? Es un ave que difícilmente vive o se reproduce en cautiverio.

...en español usamos algunas frases para decir que no tenemos dinero? En Argentina dicen "no tengo ni un peso partido por la mitad", en España se usa "no tengo más que cuatro cuartos" o "no tengo ni un duro" (duro = 5 pesetas, antigua moneda de España), en México dicen "no tengo ni un quinto". Estas expresiones vienen de la época en que eran necesarias cantidades de dinero más pequeñas que un peso, y por eso cada moneda se cortaba físicamente en dos, cuatro y ocho trozos.

GLOSARIO

casa de moneda – *lugar donde se fabrica moneda*
fundar – *establecer, crear*
acuñar – *fabricar moneda*
de curso legal – *moneda oficial*

Cronología del euro, una moneda joven

1969: comienzan los planes de establecer una **moneda única** para los seis países miembros de la Comunidad Económica Europea (CEE) de ese momento.

1979: se establece el Sistema Monetario Europeo (SME) para unificar las monedas europeas.

1992: se firma el **Tratado** de Maastricht por el que se funda la Unión Europea (UE) y se anuncia la creación de una moneda única.

1995: en la **Cumbre** de Madrid se aprueba el nombre de "euro" para la moneda única; una palabra simple, fácil de pronunciar en todas las lenguas oficiales de la UE y que simboliza Europa.

1996: presentación oficial del símbolo del euro (€).

1999: se crea el Banco Central Europeo (BCE) y se adopta el euro como moneda única en los 11 países de la llamada "zona euro": Austria, Bélgica, Finlandia, Francia, Alemania, Irlanda, Italia, Luxemburgo, Países Bajos, España y Portugal.

1 de enero de 2002: comienza a **circular** el euro en los países de la eurozona.

Actualmente es la moneda oficial en más de la mitad de los Estados miembros de la UE, y los restantes la incorporarán en los próximos años.

GLOSARIO

moneda única – *la misma moneda para todos los países*
tratado – *acuerdo entre países*
cumbre – *reunión de representantes de diferentes países para hablar de temas importantes*
circular – *pasar una moneda de una persona a otra mediante pago*

3. Contesta las siguientes preguntas sobre los textos que acabas de leer:

a. ¿Cuál era el nombre oficial de la moneda acuñada en México?

....

b. ¿En qué año se acuñó el primer peso?

....

c. ¿De cuántos países es el peso la moneda oficial?

....

d. ¿Cuándo se eligió el nombre de "euro" para la moneda europea?

....

e. ¿En qué año el euro se convierte en moneda oficial y en cuántos países?

....

f. ¿Qué fecha se pone en circulación el euro?

....

4. Busca en internet qué otros países hispanohablantes han tenido el peso como moneda oficial y hasta qué fecha. Busca también cuál es el nombre de la moneda actual de esos países.

5. Busca información en internet y escribe una pequeña biografía, como la del peso o el euro, de la moneda de tu país o de alguno de los países del ejercicio anterior.

COMERCIO JUSTO

CD02

1. ¿Conoces este logo? ¿Sabes qué representa? ¿Qué sabes del comercio justo? ¿Cómo se dice en tu idioma? A continuación, escucha la siguiente entrevista a una voluntaria de una tienda de comercio justo.

El **comercio justo** es una forma alternativa de comercio apoyada por la Organización de las Naciones Unidas (ONU) y por organizaciones no gubernamentales, que promueven una relación comercial voluntaria y justa entre productores y consumidores.

GLOSARIO

consumo responsable – elección de productos y servicios en base a su impacto ambiental y social
media jornada – trabajo a tiempo parcial, de cuatro horas cada día
ONG – Organización No Gubernamental
voluntario – persona que trabaja sin recibir un salario

Az 2. Fíjate en las palabras del glosario. Con la información que ahora tienes, tradúcelas a tu lengua.

3. En este mapa del mundo, marca tu país y los países o continentes de donde provienen los productos. Luego, une con una línea los productos de las fotos con su lugar de origen. Puedes volver a escuchar la entrevista si lo necesitas.

INTERMÓN OXFAM, UNA ONG ESPAÑOLA QUE TRABAJA CON COMERCIO JUSTO

📄 **1.** ¿Conoces alguna ONG que venda productos de comercio justo? Escribe qué productos venden (alimentos, ropa, artesanías...).

Intermón nació en España en 1956 vinculada a la iglesia católica. En la década de 1970 adquirió un carácter totalmente laico e independiente y en 1997 se incorporó a Oxfam Internacional, una asociación que agrupa a otras 14 organizaciones. Desde entonces se llama Intermón Oxfam.

Tiene su sede central en la ciudad de Barcelona, España, y en la actualidad está presente en casi 50 países con más de 450 proyectos de cooperación para el desarrollo y **campañas de incidencia política** y **movilización social**. Los proyectos de comercio justo apoyan a productores de África, Asia y América Latina, y los de **acción humanitaria** luchan contra la **sequía** en algunos países africanos.

Cuenta con 2000 voluntarios estables y más de 3500 puntuales. Tiene cerca de 250.000 socios y donantes.

GLOSARIO

campañas de incidencia política – *propuestas dirigidas a las autoridades locales e internacionales en defensa de los derechos humanos*
movilización social – *acto de protesta o reclamo de un grupo de personas u organización para conseguir un cambio social*
acción humanitaria – *ayuda a personas afectadas por guerras o desastres naturales*
sequía – *período largo sin lluvias*

Az **2.** Busca en el texto las palabras que corresponden a las siguientes definiciones:

Lugar donde tiene su domicilio una institución: _____

Actuación conjunta para conseguir un objetivo: _____

Persona que aporta dinero a una causa de forma voluntaria: _____

Sin relación con ninguna religión: _____

¿SABÍAS QUE...

...durante la revolución española de 1936 los sindicatos anarquistas colocaban sellos a los productos elaborados en fábricas gestionadas por sus propios trabajadores? Esto se hacía para informar a los consumidores finales de que ese producto era elaborado en una empresa donde los trabajadores eran también los propietarios.

💻 **3.** Busca en internet ONG de tu país que trabajen con comercio justo. Elige una y redacta un texto similar al que acabas de leer. Luego prepara una presentación (power point, posters, folletos...) sobre la ONG. Puedes tener en cuenta los siguientes criterios:

– País de origen y año de fundación
– Países en los que está presente
– Países y organizaciones con las que trabaja
– Objetivos
– Número de socios, voluntarios, trabajadores...

ECONOMÍA FAMILIAR

1. A. ¿Cuántas personas trabajan y reciben un salario en tu familia? ¿Cuántas horas trabaja cada una? Lee cómo es un día de trabajo en dos familias muy diferentes del mundo hispano y luego completa la tabla.

Los Sulca, una familia rural de la provincia de Arequipa, Perú

Inka y Mayua, de 39 y 34 años, son de origen quechua. Tienen dos hijos, Flor, de 6 años, y Rumi de 10. Viven en un pequeño pueblo rural en Los Andes.

Su día de trabajo comienza al amanecer con un desayuno fuerte para hacer las primeras tareas domésticas que se reparten entre todos los miembros de la familia, como cortar leña, ir a buscar agua y dar de comer a los animales.

Después de hacer estas tareas, Flor va a una escuela que está a varios kilómetros de su casa. Su hermano ha tenido que abandonar su educación para ayudar en las tareas del campo y de la casa.

El trabajo en el campo empieza con una caminata a las **chacras**, a menudo distantes y a una altitud diferente de la casa, por lo que necesitan varias horas para llegar. Normalmente llevan burros para cargar herramientas, **leña** o cultivos.

Mientras Mayua y Rumi trabajan la lana de sus propias **llamas y alpacas** para tejer mantas y **ponchos**, Inka hace las tareas más duras, además de administrar los ingresos que obtiene la familia con la venta de sus animales y cultivos en un mercado local.

Hacen falta muchas manos para sostener la economía del hogar ya que no tienen electrodomésticos porque no hay energía eléctrica. Por esta razón, el día de trabajo termina poco después de anochecer y la familia se acuesta temprano.

La familia de Jesús y Ana

Jesús y Ana tienen 35 y 31 años y viven en un pueblo de Ourense, España. Tienen dos hijos, Mónica, de 8 años, y David, de 6.

El día empieza a las 7 de la mañana **ordeñando** a las vacas productoras de leche, que luego se vende a empresas que la comercializan.

Ana empieza con las tareas domésticas sobre las 8:30 y les dedica unas 8 horas diarias. También en sus ratos libres hace un curso de contabilidad por Internet para poder ayudar con las cuentas del hogar. No recibe ningún salario por su trabajo, por lo tanto no **cotiza en la Seguridad Social**.

Jesús lleva a los niños a la escuela del pueblo en su **furgoneta** y luego lleva la leche a una fábrica de queso. Después alimenta a los animales y limpia los **establos**.

Además de vender la leche de sus vacas, también tienen gallinas que producen huevos para consumo propio. La familia recibe una subvención del Gobierno para modernización agrícola.

Por la noche, después de cenar sobre las 21:00, los niños hacen los deberes de la escuela y los padres descansan viendo la tele. Todos se van a dormir sobre las 23:00.

GLOSARIO

chacra – granja o finca donde se practica la agricultura o la ganadería
leña – trozos de árboles que se usan para hacer fuego
llama y alpaca – animales domésticos propios de Los Andes
poncho – manta de lana que tiene en el centro una abertura para pasar la cabeza y cuelga de los hombros hasta más abajo de la cintura
ordeñar – extraer leche de los animales
cotizar en la Seguridad Social – dinero que pagan las personas al Gobierno para recibir beneficios sociales
furgoneta – coche con espacio detrás para cargar cosas
establo – lugar donde viven o duermen los animales

B. Completa esta tabla, compara las tres familias y apunta al menos tres conclusiones. ¿A cuál se parece más la tuya?

	Familia de Ana y Jesús	Familia de Inka y Mayua	Tu familia
Edad de los padres			
Edad de los hijos			
Horarios de trabajo			
Medio de transporte utilizado			
Actividades cotidianas			

2. Ahora piensa cómo es un día en la vida de tu familia y escribe un texto similar.

¿SABÍAS QUE...

...actualmente, el trabajo con objetivos económicos realizado por niños se considera explotación infantil, y no solo vinculado a la economía de una familia sino también a la economía de una región o de un país? La explotación infantil ocurre más a menudo en países con economías desfavorecidas, pero su trabajo beneficia también a países más desarrollados. Hay campañas de diversas ONG que denuncian esta situación y que proponen el boicot a las marcas y productos fabricados con el trabajo infantil.

REIVINDICACIONES

Az **1.** **A.** ¿Qué crees que significa la palabra del título? Lee estas cuatro definiciones. Solo una
corresponde a "reivindicar". ¿Cuál?

☐ a. Reclamar algo a lo que se cree tener derecho.

☐ b. Pedir autoritariamente algo a lo que se tiene derecho.

☐ c. Solicitar algo de manera respetuosa.

☐ d. Rogar o demandar a alguien que dé o haga algo.

B. Aquí tienes algunas frases reivindicativas escritas en pancartas de diferentes manifestaciones
en España. Léelas y asegúrate de que las entiendes. Tu profesor/a te ayudará.

GLOSARIO

chorizo – *embutido típico español. Coloquialmente también significa "ladrón"*
sueldo – *salario recibido por un trabajo*
techo – *parte superior de una construcción, que la cubre y cierra. Por extensión, casa, vivienda*

2. ¿Qué frase te gusta más? ¿Por qué? ¿A quiénes crees que van dirigidas estas frases? ¿Quién piensas
que ha convocado las manifestaciones? El texto de la siguiente actividad te ayudará a descubrirlo.

BIOGRAFÍA DEL MOVIMIENTO 15-M

1. Las frases del documento anterior aparecieron en pancartas que la gente llevó a las manifestaciones convocadas por el Movimiento 15-M ¿Cuál crees que es el principal reclamo de este movimiento? Lee su biografía y comprueba tus respuestas.

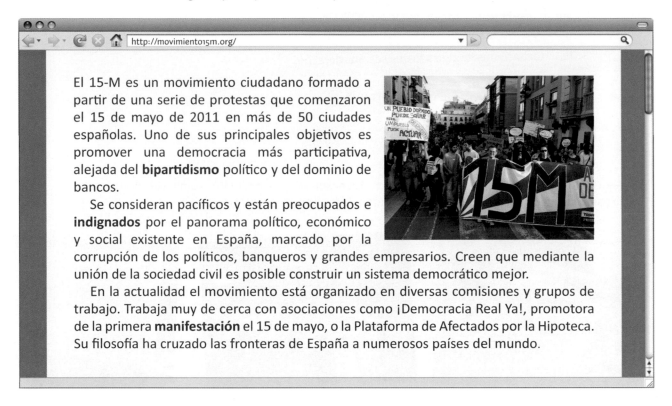

http://movimiento15m.org/

El 15-M es un movimiento ciudadano formado a partir de una serie de protestas que comenzaron el 15 de mayo de 2011 en más de 50 ciudades españolas. Uno de sus principales objetivos es promover una democracia más participativa, alejada del **bipartidismo** político y del dominio de bancos.

Se consideran pacíficos y están preocupados e **indignados** por el panorama político, económico y social existente en España, marcado por la corrupción de los políticos, banqueros y grandes empresarios. Creen que mediante la unión de la sociedad civil es posible construir un sistema democrático mejor.

En la actualidad el movimiento está organizado en diversas comisiones y grupos de trabajo. Trabaja muy de cerca con asociaciones como ¡Democracia Real Ya!, promotora de la primera **manifestación** el 15 de mayo, o la Plataforma de Afectados por la Hipoteca. Su filosofía ha cruzado las fronteras de España a numerosos países del mundo.

GLOSARIO

bipartidismo – *sistema político con predominio de dos partidos que compiten por el poder*
indignado – *enojado, irritado, enfadado con una persona o por sus actos*
manifestación – *reunión pública en la cual los asistentes reclaman o expresan su protesta por algo*

2. Contesta las siguientes preguntas sobre el texto:

   a. ¿El Movimiento 15-M colabora con otros grupos similares? ¿Con cuáles?

   b. ¿Cuáles son sus preocupaciones?

   c. ¿Una de sus finalidades es conseguir dinero de sus seguidores?

   d. ¿Por qué se llama 15-M?

3. ¿En tu país hay crisis económica? ¿Cuáles son las consecuencias? ¿En qué se nota? ¿Hay algún movimiento de protesta similar?

4. Busca en internet imágenes de otras pancartas de las manifestaciones del "Movimiento 15-M". Elige las tres que más te gustan y tradúcelas a tu lengua.

PARA HABLAR DE

CRISIS ECONÓMICA
manifestación, pancarta, economía, democracia, política, indignados

_____

_____

TRABAJO
mercado, comercio, trabajo, voluntario, salario, tareas domésticas

_____

_____

DINERO
moneda, peso, euro

_____

_____

INSTITUCIONES
Unión Europea (UE), Banco Central Europeo (BCE)

_____

_____

DVD

1. Mira el fragmento de un documental sobre el movimiento 15-M y responde a las siguientes preguntas:

a. ¿Qué nivel de estudios ha alcanzado la cuarta parte de los indignados? _____

b. ¿De qué forma se ha enterado la mayoría de las diferentes manifestaciones? _____

c. ¿Qué porcentaje votó en las últimas elecciones? _____

d. ¿Para los indignados, cuáles son los principales problemas del Estado español? _____

2. Con la información más importante de los gráficos de todo el fragmento, escribe el perfil de un indignado español.

El 52% de los indignados tiene entre 25 y 34 años. El 76% no pertenece a ningún movimiento político...

3. ¿En tu país existe alguna agrupación que reclama cosas similares? ¿Cómo se llama? Escribe el perfil de una persona representativa del movimiento, como el que has escrito en la actividad anterior.

TAREA FINAL

Con los conocimientos que ahora tienes sobre algunos temas económicos, elige una de estas actividades y desarróllala. Luego la presentarás en clase.

1. Vas a hacer una entrevista a una tienda de comercio justo de la ciudad en la que estás.

- Piensa cuatro o cinco preguntas; por ejemplo, qué tipo de productos vende (alimentos, ropa, artesanía, joyas...), de qué países provienen los productos, si la gente que trabaja en la tienda son empleados o voluntarios...
- Completa el reportaje con algunas fotos que tú mismo tomarás. Piensa en un pie de foto para cada una.

2. Vas a hacer una pancarta para llevar a una manifestación.

- Elige algún tema sobre el que quieras reclamar o protestar.
- Piensa en una frase sintética para el tema que has elegido. Pide a tu profesor/a que la revise para que no tenga errores.
- Escribe tu frase sobre una tela o una cartulina grande y luego fabrica la pancarta con una varilla a cada lado del cartel para poder llevarla en alto durante la manifestación.
- Muestra tu pancarta en clase y explica el tema a tus compañeros.

NO TE LO PIERDAS

¡Indignaos!, de Stéphane Hessel. El libro de cabecera del Movimiento 15-M. Una invitación a los jóvenes a desperezarse y a cambiar la indiferencia por una indignación activa.
Yes we camp! Trazos para una (r)evolución. Antología del Movimento 15-M en formato texto y comic.

Inside Job (2010), Crarles Ferguson. Película, ganadora del Oscar al Mejor Documental, que explica con claridad el origen de la crisis económica mundial que comenzó en 2008.

movimiento15m.org : web con información y noticias del Movimiento 15-M.
democraciarealya.es : web oficial de la plataforma que coordina acciones globales y comunes entre asociaciones, grupos y movimientos ciudadanos que reclaman más transparencia democrática.
intermonoxfam.org : web en español de la ONG Intermón Oxfam.

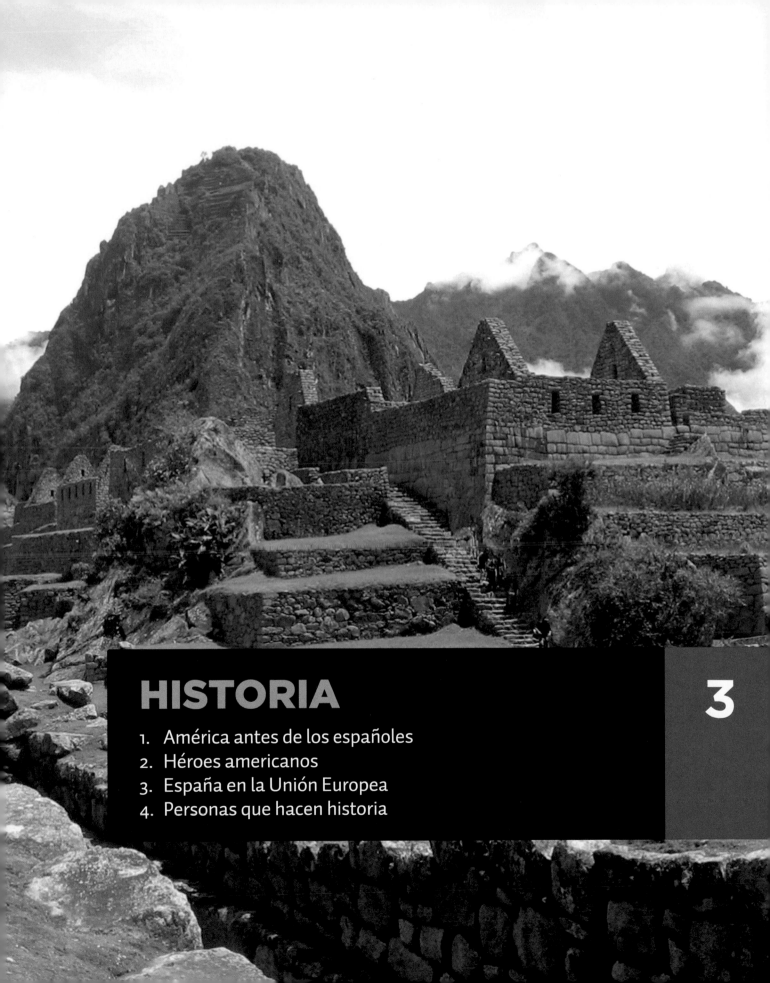

HISTORIA

3

LA LEYENDA DE QUETZALCÓATL

1. Observa las siguientes imágenes y marca las palabras que las describen mejor.

serpiente   gobernante   hombre blanco   dios

plumas   símbolo   monstruo   arte

> **Quetzalcóatl** es un nombre compuesto por dos palabras en lengua náhuatl que tienen significados muy diferentes: "quetzal" significa precioso, sagrado o pluma, y "coatl" significa serpiente o gemelo. Quetzalcóatl puede significar serpiente emplumada, gemelo sagrado, serpiente preciosa...

 2. Escucha el siguiente diálogo y comprueba si tus ideas son correctas.

CD03

GLOSARIO

comercio – comprar y vender algo
conquista – guerra que se hace para ganar un territorio o una población
cronista – españoles que describieron la conquista de América
cultura prehispánica – culturas que existieron en el periodo histórico antes de la llegada de los españoles al continente americano
sacerdote – hombre que dirige una ceremonia religiosa

3. Lee las siguientes ideas que aparecen en el diálogo. Vuelve a escucharlo y marca si son verdaderas o falsas.

a. Quetzalcóatl fue un dios que comía hombres.   V ☐   F ☐

b. Quetzalcóatl se fue de su ciudad pero prometió volver.   V ☐   F ☐

c. Quetzalcóatl fue un símbolo de poder para varias culturas prehispánicas.   V ☐   F ☐

d. El historiador mexicano cree que los conquistadores españoles cambiaron la historia de Quetzalcóatl.   V ☐   F ☐

Az **4.** Completa el cuadro con las personas o actividades que faltan en él. Puedes buscarlas en el diccionario.

Actividad	Persona
gobierno	
conquista	conquistador
crónica	
historia	
	comerciante

5. A. ¿Conoces alguna leyenda sobre la historia de tu país? Si no la conoces, puedes buscar en internet. Después, contesta a estas preguntas:

¿Cómo se llaman los personajes? _____

¿Cuándo sucedió? _____

¿Qué pasó? _____

¿Dónde sucedió la historia? _____

¿Por qué es importante? _____

B. Ordena la información y escribe un pequeño texto para contar la leyenda.

CRÓNICAS DE LA CONQUISTA

1. A. Observa la siguiente imagen de una ciudad americana hace cinco siglos. ¿Cuál crees que es? ¿Por qué?

a) Cuzco   b) México   c) Bogotá   d) Guatemala

B. Haz una lista de las cosas que ves en ella.

42

C. Lee la siguiente historia sobre la conquista de esta ciudad y comprueba si es correcta tu respuesta del apartado A.

Cuando llegamos a la gran plaza nos sorprendió la **multitud** de gente y **mercaderías** que en ella había y el gran orden que todo tenía. Cada producto tenía su lugar: el oro, la plata y las piedras preciosas, las plumas, las mantas, la ropa más rústica, el cacao, las cuerdas y zapatos de **henequén**, las pieles de jaguares y de otros animales. Por una parte estaban los que vendían frijoles y semillas, y por otra parte los que vendían verduras. Algunos vendían gallinas, pavos, conejos, patos, perrillos y otros animales. Había vendedores de frutas, de cerámica, de madera, de papel y **herbolarios**. Había también jueces que vigilaban las mercaderías.

Antes de llegar al gran templo, cruzamos un gran conjunto de patios, que me parece que era más grande que la plaza de Salamanca. Cuando subimos a lo alto del gran templo, Moctezuma tomó a Cortés por la mano y le dijo que mirase su gran ciudad. Desde allí vimos las tres **calzadas** que entran en Mexico-Tenochtitlan, que son la de Iztapalapa, la de Tacuba y la de Tepeyac. También vimos el acueducto de agua dulce que venía de Chapultepec, y en aquellas tres calzadas había puentes por donde entraba y salía el agua de la laguna y muchas **canoas**. Las casas de las ciudades estaban comunicadas por canoas o puentes de madera y había templos con forma de torres y **fortalezas**, todas sorprendentemente blancas.

Extaído de *Historia verdadera de la conquista de la Nueva España*, de Bernal Díaz del Castillo

GLOSARIO

multitud – *gran cantidad de personas o cosas*
mercaderías – *mercancía, objeto que se vende o se compra*
henequén – *planta de la que se obtiene una fibra que se usa para fabricar textiles*
herbolario – *persona que vende plantas medicinales*
calzada – *camino ancho cubierto con piedra o ladrillos*
acueducto – *construcción que sirve para llevar agua a una ciudad*
canoa – *lancha, bote muy estrecho*
fortaleza – *edificio que sirve para la defensa de un lugar*

Az 2. Clasifica los objetos que menciona el texto en la siguiente tabla.

Animales	Comida	Construcciones	Vestimenta

3. Busca en internet la imagen de una ciudad que te guste. Escribe su descripción, pero no menciones el nombre ni muestres la imagen para que tus compañeros adivinen de qué ciudad se trata.

ATAHUALPA: EL ÚLTIMO EMPERADOR

1. **A.** ¿Qué sabes sobre los incas? Lee las siguientes ideas sobre ellos y marca si crees que son verdaderas o falsas.

a. Vivieron en América Central y América del Sur.   V ☐   F ☐

b. Desaparecieron antes de la llegada de los españoles al continente americano.   V ☐   F ☐

c. Ocuparon un gran territorio.   V ☐   F ☐

d. Fueron grandes agricultores y constructores de caminos.   V ☐   F ☐

e. No domesticaron animales.   V ☐   F ☐

B. Lee el siguiente texto y comprueba tus respuestas.

El imperio incaico se desarrolló en los siglos xv y xvi, cubrió una extensión de más de 2 millones de km² y tuvo alrededor de 7 millones de habitantes. Este territorio corresponde al sur de Colombia, Ecuador, Perú, Bolivia y el norte de Chile y Argentina. El rey del imperio incaico (Tahuantinsuyo) se llamaba inca y gobernaba desde la capital, Cuzco, desde donde salía una gran red de caminos que unía todas las ciudades del imperio. Los incas desarrollaron el **cultivo** en las montañas, sobre terrazas, **domesticaron** la **llama**, la **alpaca** y el **cuy** para alimentarse y para hacer ropa. Desarrollaron un sistema de cálculo matemático para la administración del comercio, así como el arte en cerámica, en metal y en textil.

2. Ahora lee este otro texto sobre el último emperador inca y contesta a las preguntas que hay a continuación.

Atahualpa (¿1500?-1533)

Atahualpa fue hijo del emperador inca Huayna Cápac. A los 16 años acompañó de Cuzco a Quito a su padre, para dominar a los pueblos **rebeldes** y conquistar más tierras en el norte. Cuando su padre murió, se peleó con su hermano Huáscar, que quería ser el único emperador de los incas, pero los **ejércitos** de Atahualpa lo derrotaron. En su camino a Cuzco, la capital del imperio, Atahualpa recibió noticias de Francisco Pizarro, un general español que venía de Panamá, que quería entrevistarse con el inca. Atahualpa aceptó verlo en la ciudad de Cajamarca y se presentó acompañado solo por sirvientes. El 16 de noviembre de 1532 Pizarro ordenó capturaralo y matar a miles de **indígenas**. Atahualpa prometió a los conquistadores una habitación llena de oro y plata a cambio de su libertad. Grandes cantidades de estos metales llegaron desde el sur, pero los españoles juzgaron al inca por no ser cristiano y por haber asesinado a su hermano. Fue **ahorcado** en la plaza de Cajamarca el 26 de julio de 1533. Atahualpa fue el último de los gobernantes incas y con él terminó el imperio más grande del continente americano hasta esos momentos.

a. ¿Para qué luchó Atahualpa contra su hermano? _____

_____

b. ¿Cómo lo vencieron los conquistadores españoles? _____

_____

c. ¿Cómo quiso recuperar su libertad? _____

_____

GLOSARIO

cultivo – *cuidado de las plantas para que den frutos*
domesticar – *proceso por el que plantas y animales pierden sus características salvajes*
llama – *animal sudamericano de la familia del camello que se usa como transporte y de alimento*
alpaca – *animal sudamericano de la familia de los camellos. Tiene el pelo fino, que se usa para hacer telas*
cuy – *animal sudamericano parecido al conejo pero con orejas más cortas*
rebelde – *que no sigue las órdenes o normas que le han dado*
ejército – *conjunto de tropas militares*
indígena – *habitante originario del continente americano*
ahorcar – *matar poniendo a alguien una cuerda en el cuello y colgándolo*

Az 3. Completa el siguiente crucigrama con algunos de los verbos que aparecen en el texto.

Horizontales
1. Quitar la vida.
5. Vencer a alguien en un combate.
7. Llegar al final de la vida.
8. Detener a alguien sin su aprobación.

Verticales
2. Admitir algo.
3. Tener una conversación con una persona.
4. Mandar hacer algo.
6. Tener el control sobre algo o alguien.

4. Elige a un personaje de la historia de tu país. Busca su biografía en internet y averigua los lugares donde ha vivido. Finalmente, escribe un texto explicando dónde vivió y qué hizo en cada lugar.

HÉROES DE MUCHAS NACIONES

1. A. ¿Sabes lo que es un héroe? ¿Cuáles de las siguientes actividades relacionas con un héroe?

reprimir | luchar | organizar | liberar | disolver | conspirar | independizar

B. Lee el siguiente texto y comprueba tus ideas.

A comienzos del siglo XIX, el Imperio español en América Latina comenzó a derrumbarse a medida que los gobiernos españoles de ultramar caían uno tras otro. Aquellas tierras bajo dominio español desde el siglo XV se lanzaron a reivindicar su independencia guiados por los libertadores. Los libertadores fueron personas importantes para la historia de Hispano-america porque lucharon por la independencia del Imperio español y organizaron nuevos gobiernos nacionales, por eso se les considera héroes. Algunos de ellos lucharon por la libertad de varios países y por eso algunas ciudades, regiones, calles, estatuas o monedas llevan sus nombres o sus imágenes.

Avenida Libertador General Bernardo O'Higgins, Santiago de Chile

2. Lee las biografías de algunos héroes americanos y escribe quiénes hicieron las siguientes acciones.

a. Decidió eliminar las fuerzas españolas del continente: _____

b. Participó en la independencia de su país: _____

c. Participó en los conflictos entre liberales y conservadores: _____

d. Tuvo que irse de su país: _____

e. Se enfrentó a la Iglesia: _____

José de San Martín
(Yapeyú, Argentina, 1778 - Boulogne sur Mer, Francia, 1850). Héroe de la independencia sudamericana. En 1812 se unió a los movimientos por la independencia en Argentina y en 1813 se dio cuenta de que el único modo de lograr la independencia era eliminar todas las fuerzas **realistas** del continente. Por eso **liberó** Chile en 1818 y Perú en 1821. En 1824 tuvo que huir de Argentina y se **exilió** a Europa, donde murió el 17 de agosto de 1850. Es llamado "Padre de la Patria" en Argentina y "El Protector" en Perú.

Simón Bolívar

(Caracas, Venezuela,1873 - Santa Marta, Colombia, 1830). Militar y político sudamericano. En 1810 empezó a participar en la independencia de Venezuela, pero dos años más tarde tuvo que huir del país. En 1815, en Jamaica, Bolívar se dio cuenta de que la única forma de liberar a América del gobierno español era la independencia de todos los territorios. En 1819 completó la independencia de Colombia y después de liberar Venezuela y Ecuador decidió crear La Gran Colombia con todos esos países. Sin embargo, las diferencias entre centralistas y federalistas provocaron la **desintegración** del país y **renunció** como presidente en 1930. Murió el 17 de diciembre del mismo año en un viaje hacia Europa. Es conocido como "El **Libertador** de América".

Francisco Morazán

(Tegucigalpa, Honduras, 1792 - San José, Costa Rica, 1842). Político centroamericano liberal, presidente de la República Federal de Centroamérica (1829 y 1830-1838). En 1927 tomó la presidencia de Honduras y reestableció los gobiernos liberales en El Salvador y Guatemala y reestableció la República Federal del Centro de América en 1929, de la que fue presidente. Durante su gobierno se separó la Iglesia del Estado y se construyeron escuelas y carreteras. La presión de los conservadores y de la iglesia en otras partes de la federación provocaron su desintegración el 1 de febrero de 1839. Intentó revivir la federación en 1840 y 1842 pero no tuvo éxito. Fue **apresado** y **fusilado** el 15 de septiembre del mismo año.

GLOSARIO

realistas – *personas que defendieron el poder del rey de España en América*
liberar – *dar libertad*
exiliarse – *abandonar alguien su patria, generalmente por motivos políticos*
desintegración – *división de un país*
renunciar – *dejar voluntariamente algo*
libertador – *persona que da la libertad*
apresado – *que está en prisión, en la cárcel*
fusilado – *ejecutado, asesinado por medio de una descarga de fusiles*

¿SABÍAS QUE...

...en la primera mitad del siglo XIX hubo muchos conflictos en América Latina? La mayor parte fue porque había dos grupos políticos: liberales y conservadores. Los liberales querían una federación con el territorio dividido en estados con autonomía administrativa y jurídica (como los Estados Unidos). Los conservadores querían un gobierno de tipo centralista, con un centro de control único (como Francia).

3. Haz una lista de los nombres de los países que aparecen en los textos y busca en internet el tipo de gobierno que tienen ahora. ¿Es el mismo que aparece en el texto?

CRONOLOGÍA DE UN CAMBIO

Az **1.** **A.** Relaciona las columnas con las definiciones de algunas palabras que te van a ayudar a comprender el texto de más abajo.

1. adhesión	a) evolución de una economía hacia mejores niveles de vida
2. autovía	b) hacer que algo suceda con seguridad
3. desarrollo	c) proceso por el que un país cambia de un gobierno no democrático a uno democrático
4. deuda	d) gastos que no se pagan
5. garantizar	e) carretera con caminos separados para las dos direcciones
6. impagos	f) consulta popular para evaluar una ley o una decisión
7. referéndum	g) declaración de apoyo a alguien o a algo
8. transición democrática	h) dinero que alguien tiene que pagar

B. Lee la siguiente historia de la entrada de España en la Unión Europea y complétala con las palabras que aparecen en los recuadros.

derechos humanos, civiles y culturales   ayudas económicas   su agricultura y su industria   estado democrático

primeras elecciones   la peseta   aceptaron   autovías, aeropuertos, metros   el euro   Programa Erasmus

España no pudo entrar a la Comunidad Económica Europea (CEE) en 1962 porque no era un _____. En 1977, durante la transición democrática, el gobierno de Adolfo Suárez solicitó otra vez su entrada a la CEE. Entre 1977 y 1980 España tuvo que hacer cambios políticos para garantizar los _____ y _____ en su territorio y así poder entrar a la CEE. El 12 de junio de 1985 el presidente Felipe González firmó en Madrid el acta de adhesión con la que España entró a las Comunidades Europeas. El 17 de junio de 1987 se celebraron en España las _____ para representantes en el Parlamento Europeo. En 1987, el gobierno español adoptó el _____ para el intercambio de estudiantes entre universidades europeas. De 1986 a 1991 España modernizó su _____, limitó su pesca e impulsó el desarrollo en las regiones menos desarrolladas para cumplir con los estándares europeos. Entre 1997 y 1998 se creó empleo y se estabilizaron los precios para poder adoptar

_____, la moneda única europea. El 1 de enero de 2002 entró en circulación el euro, como sustituto de la moneda española: _____. Las ayudas económicas de la Unión Europea (Fondos Europeos) que España recibió en los primeros veinte años sirvieron para construir _____ y otras obras públicas. En el referéndum del 20 de febrero de 2005 los españoles _____ el establecimiento de la Constitución para Europa. En 2011 el Banco Central Europeo dio _____ a España para evitar los impagos de la deuda pero también obligó a disminuir los gastos del Gobierno.

CD04

2. Escucha las siguientes entrevistas a tres españoles sobre España y la Unión Europea. A continuación, señala en el cuadro quién dice cada opinión.

	Matilde	Josep	Juancar
Un aspecto positivo fueron las ayudas económicas para desarrollar infraestructuras.			
Los precios han subido y ha bajado el poder adquisitivo.			
Se puede participar en programas de intercambio académico como Erasmus.			
Puedo viajar y trabajar sin problemas en cualquier país miembro de la Unión Europea.			
Europa está más unida.			
Los salarios no han subido mucho.			
Los estudios son válidos en toda Europa.			
Con la crisis se ven más fácilmente las diferencias entre países.			

GLOSARIO

ayuda – *cooperación*
barrera – *obstáculo entre dos cosas*
desplazarse – *moverse*
disminución – *reducción de algo*
infraestructura – *construcciones y servicios necesarios para el funcionamiento de un país.*
poder adquisitivo – *poder de compra, capacidad económica para comprar*
movilidad – *movimiento*

Matilde

Juancar

Josep

3. ¿Tu país pertenece a alguna organización internacional? ¿De qué tipo? Busca información en internet y escribe una cronología sobre su participación en ella.

EL CAZADOR DE MICROBIOS

1. Lee el siguiente texto sobre la malaria y coloca los siguientes subtítulos en el lugar adecuado.

> La **malaria** es una enfermedad producida por un animal microscópico (protozoo) que vive en el aparato digestivo del mosquito Anopheles y que pasa al ser humano por medio de las picaduras. Esta enfermedad produce altas fiebres y puede causar la muerte.

Nuevos caminos y nuevas soluciones	Remedio antiguo	La primera vacuna

Vacuna contra la malaria

El primer **tratamiento** eficaz para controlar la malaria se hizo antes de la llegada de los europeos en los Andes, donde los indígenas bebían una infusión de la **corteza** del árbol llamado quino. En 1638, la esposa del virrey de Perú se curó con esta infusión y por eso se hizo popular. Sin embargo, la infusión de la corteza de quino solo servía para curar a personas infectadas, pero no para prevenir la enfermedad.

Entre los años 1986 y 1987 el médico colombiano Manuel Elkin Patarroyo desarrolló y probó la **vacuna** SPF-66 contra la malaria en un grupo de monos y después en personas en distintos países latinoamericanos. Los resultados tuvieron una **eficacia** de protección entre el 30% y el 50% de los vacunados. El doctor Patarroyo entregó la patente a la Organización Mundial de la Salud (OMS) para la producción y distribución de la vacuna de forma gratuita. No obstante, pruebas hechas posteriormente en otros países demostraron una eficacia menor; por eso la OMS decidió detener la producción y vacunación con SPF-66.

En 1996 el doctor Patarroyo y su equipo de la Fundación Instituto de Inmunología de Colombia (FIIC) empezaron a investigar sobre cómo el **parásito** que provoca esta enfermedad se une a las **células**. Finalmente, en el año 2011, el doctor Patarroyo presentó los resultados de su nueva vacuna (COLFAVAC) que resultó eficaz en el 90% de los monos utilizados en el ensayo. Muy pronto se van a iniciar las pruebas en humanos. Los resultados de las investigaciones del FIIC pueden ser útiles en la producción de vacunas para otras enfermedades como la hepatitis C o la lepra.

GLOSARIO

tratamiento – medios que se usan para curar una enfermedad
corteza – parte exterior y dura del tronco de un árbol
vacuna – compuesto orgánico que se introduce en una persona para prevenir una enfermedad
eficacia – capacidad para conseguir un resultado determinado
parásito – organismo vegetal o animal que vive a costa de otro organismo de distinta especie, alimentándose de las sustancias que este elabora y perjudicándole, aunque sin llegar a producirle la muerte
célula – unidad microscópica esencial de los seres vivos

2. Ordena la siguiente información de acuerdo con el texto.

a. Se hicieron estudios con buenos resultados en varios países latinoamericanos. _____
b. Se van a iniciar pruebas de una nueva vacuna en humanos. _____
c. Se detuvo la producción de la vacuna, porque era poco eficaz. _____
d. Los españoles descubrieron un remedio antiguo en Sudamérica. _____
e. Se hicieron nuevos estudios para mejorar la eficacia de la vacuna. _____
f. El doctor Patarroyo donó los resultados de sus investigaciones para distribuir la vacuna gratis. _____

PREMIOS NOBEL

1. Lee los siguientes fragmentos de los discursos que leyeron tres premiados cuando recibieron su premio Nobel. ¿A quién corresponde cada texto? ¿Qué palabras te han ayudado a saberlo?

César Milstein (Argentina)
Premio Nobel de Medicina 1984

Mario J. Molina (México)
Premio Nobel de Química 1995

Rigoberta Menchú (Guatemala)
Premio Nobel de la Paz 1992

"Me llena de emoción y **orgullo** la distinción que se me hace al otorgarme este premio. Emoción personal y orgullo por mi patria de cultura **milenaria**. Por los valores de la comunidad del pueblo al que **pertenezco**, por el amor a mi tierra, a la madre naturaleza. Quien entiende esta relación, respeta la vida y **exalta** la lucha que se hace por esos objetivos."

1

"La capa de ozono actúa como un **escudo** atmosférico que protege la vida en la tierra de la **dañina** radiación ultravioleta que viene del sol. El escudo es frágil: en las dos décadas pasadas ha quedado muy claro que puede ser afectado por la actividad humana."

2

"Cuando un animal está infectado, ya sea de forma natural o por una **inyección** experimental, el organismo del animal reconoce esto como un invasor. Un invasor que de alguna manera tiene que ser removido o destruido. Como ustedes han escuchado, hay millones de estructuras químicas que el organismo no ha visto nunca pero que es **capaz** de reconocer de una forma específica. ¿Cómo se logra esto?"

3

GLOSARIO

ogullo – *satisfacción personal*
milenario – *que tiene miles de años*
pertenecer – *formar parte de*
exaltar – *elevar el valor de algo o de alguien*
escudo – *arma que se lleva en el brazo y sirve para defenderse*
dañino – *destructivo, malo, nocivo*
inyección – *acción de introducir a presión un líquido dentro de un cuerpo*
capaz – *que puede hacer algo*

Az **2.** ¿Con cuáles de estas palabras crees que están relacionadas las actividades de los tres premios Nobel?

experimentos   derechos humanos   medio ambiente   diálogo

ciencia   enfermedad   contaminación   solidaridad

3. Busca en internet más información sobre alguno de ellos y escribe su biografía.

Biografía de...	

4. Elige a una persona importante de tu país que creas que debe ganar un premio Nobel y prepara su candidatura. Al lado tienes las categorías. No olvides hablar de su vida, de las cosas que ha hecho y de por qué consideras importante darle un premio Nobel. Puedes hacer una presentación con PowerPoint. No olvides poner imágenes.

¿SABÍAS QUE...

... los primeros premios Nobel se entregaron en 1902, hace más de 110 años? Los premios se otorgan en una ceremonia celebrada anualmente en la Sala de Conciertos de Estocolmo el 10 de diciembre, fecha en que Alfred Nobel murió. La entrega del Premio Nobel de la Paz se realiza en Oslo, Noruega. Los diversos campos en los que se conceden premios son:

Física (decidido por la Real Academia Sueca de Ciencias)
Química (decidido por la Real Academia Sueca de Ciencias)
Fisiología o Medicina (decidido por el Instituto Karolinska)
Literatura (decidido por la Academia Sueca)
Paz (decidido por el Comité Nobel del Parlamento Noruego)
Economía (decidido por el Banco de Suecia)

ALGUNOS PREMIOS NOBEL DEL MUNDO HISPANO

⌘ Santiago Ramón y Cajal (Medicina, 1906) (España)
Carlos Saavedra Lamas (1er premio Nobel de la Paz, 1936) (Argentina)
Bernardo Alberto Houssay (Medicina, 1947) (Argentina)
Severo Ochoa (Medicina, 1959) (España)
Luis Federico Leloir (Química, 1970) (Argentina)
Adolfo Pérez Esquivel (Paz, 1980) (Argentina)
Baruj Benacerraf (Medicina, 1980) (Venezuela)
Alfonso García Robles (Paz, 1982) (México)

PARA HABLAR DE

PERSONAS
conquistador, cronista,
gobernante, historiador,
investigador, médico,
militar, político

_____

_____

VERBOS
conquistar, liberar,
independizarse, fundar,
adoptar, estabilizar,
investigar, premiar

_____

_____

EVENTOS
adhesión, conquista,
crisis, elecciones, guerra
civil, independencia,
referéndum

_____

_____

DVD

1. Vas a ver una escena de una película sobre la conquista de América. A continuación, marca las cosas
y personas que aparecen.

☐ espejos   ☐ un soldado   ☐ collares   ☐ un sacerdote   ☐ campanas

☐ un cascabel   ☐ unos conquistadores   ☐ un intérprete   ☐ una iglesia

2. Vuelve a ver la escena y marca las ideas que están de acuerdo con ella.

☐ La escena se desarrolla en un lugar de España.

☐ Los hombres con barba son representantes de los reyes de España.

☐ Los indígenas rechazan los regalos de los hombres con barba.

☐ El hombre de barba habla de amor, caridad y esclavos.

☐ Un hombre indígena cuestiona las intenciones de los españoles.

☐ Los hombres con barba quieren el oro de los indígenas.

☐ Los indígenas aceptan el trato con alegría.

3. Imagina que eres el director de esta película. ¿Cómo describirías esta secuencia al equipo artístico?
Intenta dar el mayor número de detalles. Escribe la descripición en tu cuaderno.

TAREA FINAL

Con los conocimientos que ahora tienes sobre historia, elige una de estas actividades y desarróllala.
Luego la presentarás en clase.

1. Vais a organizar una serie de conferencias sobre historia española o hispanoamericana.

- Tenéis que pensar el lugar donde vais a dar la conferencia, el día, la hora y, lo más importante, los temas de las conferencias.
- Resumid el tema de vuestra conferencia en tres líneas. Ponedle un título.
- Organizad toda la información en un cartel y no olvidéis ponerle fotos o imágenes.

2. Vais a hacer un trivial sobre la historia de España o de Hispanoamérica.

- En equipos de tres personas tenéis que buscar información en esta unidad o en internet y hacer preguntas relacionadas con la historia.
- Pensad en dos respuestas falsas alternativas pero que sean lógicas.
- Escribid las preguntas con sus respuestas en tarjetas.
- Finalmente haced una competición: leed una de vuestras preguntas a los otros equipos y dadles las tres posibles respuestas. Dejad que escriban sus respuestas en un papel y luego comprobad las respuestas. El equipo ganador será el que tenga más respuestas correctas.

NO TE LO PIERDAS

Tlacuilo (1987), Enrique Escalona
Cabeza de Vaca (1991), Nicolás Echevarría
Retorno a Aztlán (1991), Juan Mora
Una casa de locos (2002), Cédric Klapisch
La hija del puma (1994), Åsa Faringer y Ulf Hultberg
Y también la lluvia (2009), Icíar Bollaín
El cruce de los Andes (2010), Leandro Ipiña
El Libertador (2012), Alberto Arvelo

Visión de los vencidos, de Miguel León Portilla
El general en su laberinto, de Gabriel García Márquez
Las venas abiertas de Latinoamérica, de Eduardo Galeano
Los libertadores, de Robert Harvey

LITERATURA

4

ARGUMENTOS

1. ¿Conoces algún título de novela que esté escrita en español? ¿Y el nombre de algún autor o autora del mundo hispano? Haz una lista de nombres de obras o de autores que conozcas.

2. Mira las portadas de libros y relaciónalas con los resúmenes de sus argumentos.

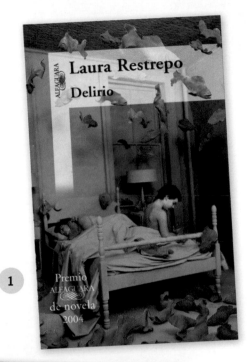

1

2

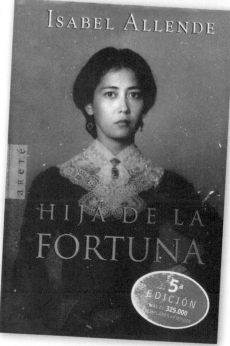

3

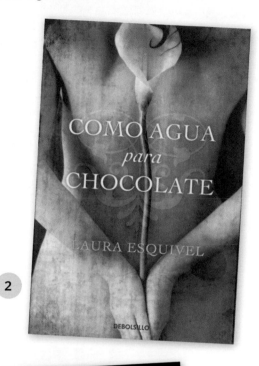

4

a Eliza Sommers es una joven chilena que vive en Valparaíso en 1849, el año en que se descubre oro en California. Su amante, Joaquín Andieta, parte hacia el norte decidido a encontrar fortuna, y ella decide seguirlo. El duro viaje, escondida en la **cala de un velero**, y la búsqueda de su amante en una tierra de hombres solos y prostitutas atraídos por la fiebre del oro, transforman a la joven inocente en una mujer de gran carácter.

b A la inspectora Petra Delicado y al subinspector Fermín Garzón les cae un caso aparentemente poco brillante: se ha encontrado malherido, a consecuencia de una paliza, a un individuo marginal. El único ser que le reconoce es un perro, tan **marginal** como su amo. El hombre muere sin recobrar la conciencia. Para la pareja de detectives comienza una investigación por asesinato en el cruel escenario de las luchas de perros.

c Este libro es una novela de amor que narra la vida de una muchacha que sufre a causa de una antigua tradición que **no le permite** casarse con el hombre que ama. Ella lucha por romper esa costumbre y mientras, cocina platos deliciosos ya que cocinar es la única vía que tiene para escapar al dolor y a la frustración de su vida.

d La novela es una historia de amor y a su vez de locura, de misterios y secretos en la sociedad colombiana. El personaje principal es Aguilar, un profesor de literatura, profundamente enamorado de su esposa Agustina, una mujer muy hermosa. La acción comienza cuando Aguilar regresa de unas breves vacaciones y al llegar a su hogar se encuentra con unos mensajes en el teléfono de que pase a buscar a su esposa en la habitación de un hotel. Allí encuentra a Agustina **enloquecida**.

GLOSARIO

cala de un velero – *parte inferior, bodega*
marginal – *al margen de la sociedad, que no tiene trabajo ni hogar*
no le permite – *le prohíbe*
enloquecida – *que se ha vuelto loca*

Az 3. Asocia cada libro con uno de estos géneros. ¿Cuál de estos cuatro libros te gustaría leer? ¿Por qué?

| Novela policíaca | Novela de aventuras | Novela psicológica | Novela romántica |

4. Busca en los textos las palabras que responden a los siguientes sinónimos:

| difícil | contar | huir | exquisitos | homicidio |

LOS ESCRITORES DE NOVELA NEGRA CONTAMOS LO QUE ESTÁ PASANDO EN LA SOCIEDAD

CD05

1. Ahora escucha a una autora de uno de estos libros en una entrevista hecha en la radio. Para responder a las preguntas, si es necesario, escucha la entrevista varias veces.

a. ¿Cuál de las cuatro escritoras de la actividad anterior es la entrevistada?

Laura Restrepo	Isabel Allende	Alicia Giménez-Bartlett	Laura Esquivel

b. ¿A cuántas lenguas se ha traducido su obra?
c. ¿Por qué cree la escritora que las novelas negras tienen más éxito fuera de sus países de origen?
d. ¿Cómo se siente cuando escribe las aventuras de sus personajes de novela negra?

2. ¿Piensas que la novela negra es una novela solo para leer en el tren o en el avión? ¿Por qué? Coméntalo con tu compañero.

3. Entra en internet y busca en la Wiquipedia o bien en http://cvc.cervantes.es/literatura/default.htm información sobre dos de las novelas que aparecen en la lista de la página 68. Luego, escribe un texto resumiendo el argumento. Para hacerlo, puedes inspirarte en los resúmenes de las novelas de la actividad 1.

Título: ....
Autor: ....
Año de publicación: ....
Sinopsis: ....
....
....
....

Título: ....
Autor: ....
Año de publicación: ....
Sinopsis: ....
....
....
....

➜ *Pantaleón y las visitadoras*
⬇ *La voz dormida*

CUENTOS

1. A. Mira en el diccionario el significado de la palabra "ladrón". Fíjate en el título ¿De qué va a tratar la narración que vas a leer? Haz una lista de los elementos que crees que van a aparecer en el cuento.

> La palabra **cuento** puede referirse tanto a los cuentos infantiles como a narraciones cortas que no están dirigidas a un público infantil. En este capítulo tratamos de esta segunda clase de cuentos.

B. Lee el texto e inventa un final para él. Después, puedes comaprarlo con el final auténtico en esta web: http://www.ciudadseva.com/textos/cuentos/esp/ggm/ladron.htm.

LADRÓN DE SÁBADO
Gabriel García Márquez

Hugo, un ladrón que sólo roba los fines de semana, entra en una casa un sábado por la noche. Ana, la dueña, una treintañera guapa e **insomne empedernida**, lo descubre *in fraganti*. Amenazada con la pistola, la mujer le entrega todas las joyas y cosas de valor, y le pide que no se acerque a Pauli, su niña de tres años. Sin embargo, la niña lo ve, y él la conquista con algunos trucos de magia. Hugo piensa: «¿Por qué irse tan pronto, si se está tan bien aquí?» Podría quedarse todo el fin de semana y gozar plenamente la situación, pues el marido -lo sabe porque los ha espiado- no regresa de su viaje de negocios hasta el domingo en la noche. El ladrón no lo piensa mucho: se pone los pantalones del señor de la casa y le pide a Ana que cocine para él, que saque el vino de la cava y que ponga algo de música para cenar, porque sin música no puede vivir.

A Ana, preocupada por Pauli, mientras prepara la cena se le ocurre algo para sacar al tipo de su casa. Pero no puede hacer gran cosa porque Hugo cortó los cables del teléfono, la casa está muy alejada, es de noche y nadie va a llegar. Ana decide poner una pastilla para dormir en la copa de Hugo. Durante la cena, el ladrón, que entre semana es **velador** de un banco, descubre que Ana es la **conductora** de su programa favorito de radio, el programa de música popular que oye todas las noches, sin falta. Hugo es su gran admirador y, mientras escuchan al gran Benny cantando *Cómo fue* en un casete, hablan sobre música y músicos. Ana se arrepiente de dormirlo pues Hugo se comporta tranquilamente y no tiene intenciones de lastimarla ni violentarla, pero ya es tarde porque el somnífero ya está en la copa y el ladrón la bebe toda muy contento. Sin embargo, ha habido una equivocación, y quien ha tomado la copa con la pastilla es ella. Ana se queda dormida **en un dos por tres**.

A la mañana siguiente Ana despierta completamente vestida y muy bien tapada con una **cobija**, en su recámara. En el jardín, Hugo y Pauli juegan, ya que han terminado de hacer el desayuno. Ana se sorprende de lo bien que se llevan. Además, le encanta cómo cocina ese ladrón que, a fin de cuentas, es bastante atractivo. Ana empieza a sentir una extraña felicidad.

En esos momentos una amiga pasa para invitarla a comer. Hugo se pone nervioso pero Ana inventa que la niña está enferma y la despide de inmediato. Así los tres se quedan juntitos en casa a disfrutar del domingo. Hugo repara las ventanas y el teléfono que descompuso la noche anterior, mientras silba. Ana se entera de que él baila muy bien el danzón, baile que a ella le encanta pero que nunca puede practicar con na-

die. Él le propone que bailen una pieza y se acoplan de tal manera que bailan hasta ya entrada la tarde. Pauli los observa, aplaude y, finalmente se queda dormida. Rendidos, terminan tirados en un sillón de la sala.

_____

_____

_____

_____

_____

_____

_____

GLOSARIO

insomne empedernida – *que nunca tiene sueño*
velador – *vigilante*
conductora – *presentadora, locutora principal*
en un dos por tres – *inmediatamente*
cobija – *manta*

2. Indica si estas frases se corresponden con el cuento, si no, reescríbelas para que se correspondan.

a. Pauli, la niña, tiene mucho miedo cuando ve al ladrón.

b. Ana, la mujer, llama por teléfono a la policía.

c. Hugo, el ladrón, es guapo y baila muy bien.

d. El ladrón se siente muy cómodo con las dos mujeres.

e. E ladrón baila bien el danzón, pero Ana no.

3. Ahora, responde a las siguientes preguntas. Si lo necesitas, puedes volver a leer el cuento.

a. ¿Cuántos personajes salen en este relato? Indica el nombre, la edad y la profesión, si la tienen.

b. ¿Qué plan tiene la mujer para poder luchar contra el ladrón?

c. ¿Qué ocurre con su plan?

d. ¿Te ha gustado este cuento? ¿Por qué?

MICROCUENTOS

1. Lee estos tres microcuentos de Braulio Llamero y responde.

El bosque

Esto era un niño pobre y feliz que se perdió en el inmenso bosque de calles y edificios de una gigantesca ciudad. Lo encontró y adoptó una experta en Bolsa del próspero distrito financiero.

Nunca volvió a ser pobre.

Ni feliz.

La verdadera historia del patito feo

Había una vez un patito muy feo, con el que ni sus hermanos querían jugar. Pero el patito feo se hizo mayor, ganó mucho dinero y con él se compró grandes mansiones, coches deslumbrantes, yates y cuanto se puede desear. Sus hermanos se mataban por estar junto a él y aseguraban a todo el mundo que era, con diferencia, el más guapo de la familia.

El toro

Hubo una vez un toro que no quería embestir.

–Venga, hombre, mira qué capa más roja –le decía el torero.

–Me gusta más el verde. Sobre todo el verde de las praderas y de los pastos.

El torero tiró la capa.

–A mi, también. Anda, vámonos.

Se fueron y ninguno de los dos volvió a pisar nunca una plaza taurina.

a. Califica estos tres minicuentos de 1 a 5 (1 = no me gusta y 5 = me gusta mucho).

	1	2	3	4	5
El bosque					
La verdadera historia del patito feo					
El toro					

b. ¿Cuál es el que te ha gustado más? ¿Por qué?

c. ¿Cómo se llama en tu lengua el cuento de "El patito feo"?

2. ¿Con qué frase empiezan los cuentos?

En español	En tu lengua	En otra lengua que conozcas
Había una vez		
Hubo una vez		
Esto era		
Érase una vez		

3. Entra en la web del autor Braulio Llamero http://losminicuentos.wordpress.com/ y lee otros minicuentos. Elige el que más te guste y haz un resumen de tres líneas.

LEYENDAS: LA LLORONA

1. Haz una lista de las leyendas que recuerdes.

CD06 **2.** Escucha y marca la opción correcta.

> Las **leyendas** forman parte de la literatura tradicional de transmisión oral, es decir, que han pasado de generación en generación sin estar escritas.

a. | Es una leyenda española. | | Es una leyenda mexicana. |

b. | Se trata de una mujer que llora. | | Se trata de una mujer que mata. |

c. | Se trata de una mujer que ha perdido a sus hijos. | | Se trata de una mujer que ha perdido a su marido. |

d. | La mujer va vestida de blanco. | | La mujer va vestida de negro. |

e. | La mujer desaparece en la niebla. | | La mujer desaparece en el agua. |

GLOSARIO

gritar – *emitir sonidos muy agudos, muy fuertes*
llorar – *manifestar sentimientos de tristeza con lágrimas*
desaparecer – *marcharse, irse sin que se sepa dónde*

3. Busca en internet informaciones sobre las leyendas de *El Chupacabras*, *El Dorado* y *La santa Compaña*. Elige la que más te guste de las tres y toma nota de sus principales características: historia que narra, países y regiones en las que es popular, posibles versiones.
Luego, resume una de las tres leyendas anteriores.

¿SABÍAS QUE...

...la leyenda de La Llorona tiene relación con el culto a una diosa azteca de nombre Cihuacóatl? También se la relaciona con La Malinche, la intérprete y concubina de Hernán Cortés quien, según la leyenda, se arrepiente de haber traicionado a su pueblo.

La leyenda de La Llorona es transnacional. En todos los países de Hispanoamérica existen versiones con distintas variantes aunque en todas hay dos elementos comunes: una mujer que llora por sus hijos muertos y el agua. La mujer aparece y desaparece cerca de algún río o lago y se relaciona con antiguos rituales de fertilidad que se hacían cerca del agua.

La leyenda dio origen a una canción del folklore mexicano conocida en todo el mundo: *La Llorona* de la que hay múltiples versiones y que ha sido interpretada entre otros por Joan Báez, Chavela Vargas y Lila Downs.

⬆ *Chavela Vargas*

ENTREVISTA A ROSANA ACQUARONI

1. ¿Lees mucha poesía? ¿Qué poetas conoces? ¿En tu lengua? ¿En español? ¿Qué es para ti la poesía? ¿Cómo piensas que se inspiran los poetas?

2. Lee esta entrevista a la poeta española Rosana Acquaroni y comprueba si piensa lo mismo que tú.

P. *¿Por qué empezaste a escribir poesía?*
R. Al principio era un juego; un juego que está unido al recuerdo de mi padre. Era pintor y un gran lector de poesía. Con él descubrí a Antonio Machado y a Miguel Hernández, dos de mis poetas más queridos. Mi padre me leía sus poemas en voz alta. Poco a poco, **sin darme cuenta**, aprendí muchos **versos** de memoria. Después, cuando estaba sola, me imaginaba cómo continuaba cada poema. Era divertido. Así empecé a jugar con las palabras.

P. *¿Cómo nace un poema? ¿Qué te* **inspira**?
R. ¡Qué difícil es contestar a estas dos preguntas! Creo que es diferente para cada poeta. Mis poemas nacen de experiencias y emociones vividas o imaginadas que suelen ser sencillas. Muchas veces, los mejores poemas nacen de pequeños detalles. Un poema es una manera de mirar, de construir el mundo.

P. *¿Cuál es el proceso de creación?*
R. A veces, el proceso comienza con una sola palabra; otras veces, a partir de una imagen. Por ejemplo, este último libro, *Discordia de los dóciles*, habla de nuestro tiempo, un mundo en crisis, lleno de luces y sombras.

P. *¿***Corriges** *mucho?*
R. Sí, corrijo bastante. Para mí, es muy importante la música de las palabras. Mientras escribo, necesito leer en voz alta para saber cómo suena cada verso. Me gusta mucho tener el poema en la boca.

P. *¿Qué es para ti la poesía?*
R. Sobre todo, es una manera de estar en el mundo.

P. *¿Cuáles son tus poetas preferidos? ¿En español? ¿En otras lenguas?*
R. Tengo muchos: Garcilaso de la Vega, Luis Cernuda, Luis Rosales o Antonio Gamoneda. Me interesan mucho las poetas de mi generación, que también comenzaron a publicar en los años ochenta: Amalia Iglesias, Graciela Baquero o Isla Corroyoro. En otras lenguas me gustan T.S. Eliot y Constantino Cavafis. También me encanta escuchar poesía en lenguas que no conozco.

GLOSARIO

sin darme cuenta – *de manera inconsciente*
verso – *cada una de las líneas de un poema*
inspirar – *disparar la imaginación*
corregir – *revisar un escrito*

ROSANA ACQUARONI
(Madrid, 1964) Poeta. Es licenciada en Filología Hispánica y doctora en Lingüística Aplicada. Tiene publicados varios libros de poemas y ha recibido diversos premios: *Del mar bajo los puentes*, *El jardín navegable*, *Cartografía sin mundo*, *Lámparas de arena* y *Discordia de los dóciles*. Es profesora y formadora en Español como Lengua Extranjera, e imparte y coordina talleres de escritura creativa. Desde 1990, además, se dedica al grabado porque le interesa especialmente la relación entre el lenguaje plástico y el poético.
http://www.rosanaacquaroni.com/

3. Ahora, responde a estas preguntas por escrito o coméntalas con un compañero.

a. ¿Cómo hace Rosana Acquaroni sus poemas? ¿Cómo se inspira?

b. ¿Qué poetas conoces de los que se citan en el texto?

c. ¿Por qué crees que dice que le gusta escuchar poesía en lenguas que no conoce?
¿A ti te gustaría escuchar poesía en lenguas que no conoces? ¿Por qué? ¿Y canciones?

Az 4. Haz una lista con todas las palabras del texto que puedas agrupar en el campo semántico de "poesía", luego, tradúcelas a tu lengua. A continuación, busca en el texto palabras o expresiones que usa Rosana para expresar sus sentimientos respecto a la poesía. ¿Son agradables o desagradables?

HABLA LA POETA

1. Escucha la continuación de la entrevista con Rosana Acquaroni y responde a las preguntas marcando con una X la respuesta correcta. Antes, lee las preguntas para estar seguro de comprenderlas.

CD07

1. ¿Cuántos libros de poesía ha escrito Rosana?

☐ Ocho.
☐ Cinco.

2. ¿Cuántas horas al día dedica a escribir sus poesías?

☐ Depende.
☐ Tres horas al día.

3. ¿Escribe también novelas o relatos?

☐ No, pero le gustaría.
☐ Sí, le gusta mucho escribir relatos.

4. Según Rosana, un alumno extranjero puede leer poesía en español...

☐ ...solo cuando domina el idioma.
☐ ...para disfrutar con las palabras.

5. Según la autora, la literatura es...

☐ ...un material muy importante para aprender a comunicar.
☐ ...un trampolín para aprender, pero los textos son muy difíciles.

2. ¿Recuerdas alguna frase interesante de esta entrevista? Escribe las que recuerdes y compáralas con las de tu compañero.

3. Redacta tres preguntas para hacerle a Rosana Acquaroni en su web.

CAMINAR

1. ¿Qué palabras y qué frase de *Caminar* te gustan más? ¿Qué tipo de música crees que puede acompañar a este poema?

Caminar

despojarse del camino trazado

Ser **tenaz** caminante

del abismo

abrir con cada paso

un nuevo **acantilado**

Una **senda perenne**

que borre los caminos.

Rosana Acquaroni

RECOMENDACIONES

El desencanto (1976), de Jaime Chávarri
El cartero y Pablo Neruda (1994), de Michael Radford
El lado oscuro del corazón (1992), de Eliseo Subiela
La luz prodigiosa (2003), de Miguel Hermoso
El cónsul de Sodoma (2009), de Sigfrid Monleón
Lope (2010), de Andrucha Waddington

2. Lee el poema en voz alta y grábate con tu teléfono móvil o con tu cámara de fotos leyéndolo con música de fondo.

3. Entra en la página de Rosana Acquaroni http://www.rosanaacquaroni.com y lee algunos de sus poemas. ¿Cuál te gusta más? A continuación, envíale un email a Rosana con las preguntas que has redactado en la actividad 3 de la página anterior.

4. ¿Cuáles de estos poetas están entre los poetas preferidos de Rosana Acquaroni? (Para responder a esta pregunta, debes volver a leer el final de la entrevista de la página 63.)

5. Busca información sobre uno de los poetas que cita Rosana o uno de la lista de al lado. Luego redacta un pequeño texto con su biografía y su obra. Si quieres, puedes añadir algún poema suyo.

10 POETAS HISPANOS IMPRESCINDIBLES

Pablo Neruda
Federico García Lorca
Miguel Hernández
Gustavo Adolfo Bécquer
Luis Cernuda
Gabriela Mistral
Garcilaso de la Vega
Antonio Machado
Octavio Paz
San Juan de la Cruz

¿TE GUSTA LEER?

1. ¿Te gusta leer? ¿Por qué? ¿Qué sueles leer? ¿Cómo te sientes cuando lees?

CD08

2. Vas a escuchar a unas personas que hablan sobre sus hábitos de lectura. Marca con un número el orden de las personas que hablan.

"Solo me gusta leer cómics y mangas."

"Yo leo para poder vivir aventuras y mundos distintos al mío."

"Me gusta leer, pero no por obligación."

Belén

Elena

Carlos

CARTELES

1. ¿Qué producto anuncian estos carteles? ¿Qué eslogan te gusta más? ¿Por qué?

Leer no es difícil.
Mira:
Leer no es difícil.

gandhi.
libros-música-video-café

Menos face
y más book.

gandhi.
libros-música-video-café

Libros leídos.
Libros por leer.

gandhi.
libros-música-video-café

2. Mira el vídeo de presentación del portal web http://leer.es/. Después, contesta:

a. Enumera tres de las razones que se dan para leer. ¿Estás de acuerdo? ¿Podrías añadir alguna razón más que no se cite en el vídeo?

b. ¿En tu país hay campañas para fomentar la lectura? ¿Qué opinas de ellas? ¿Son necesarias?

c. Haz un cartel para una campaña publicitaria para fomentar la lectura o bien para decir a la gente lo contrario: que la lectura no es necesaria.

PARA HABLAR DE

GÉNEROS LITERARIOS
poesía, narrativa, ensayo

_____

_____

OBRAS LITERARIAS
libro, publicación, poema, novela, cuento, leyenda, relato

_____

_____

ELEMENTOS DE UN LIBRO
portada, contraportada, páginas, índice

_____

_____

ELEMENTOS DE UNA OBRA POÉTICA
poema, verso, rima, tema, estructura

_____

_____

ELEMENTOS DE UNA OBRA NARRATIVA
argumento, trama, protagonista, personajes

_____

_____

PERSONAS RELACIONADAS CON LA LITERATURA
poeta, novelista, autor, lector, crítico literario

_____

_____

DVD

1. Mira atentamente las imágenes de la película y ordena las secuencias:

- ☐ Se acerca un barco a la orilla del río.
- ☐ El hombre del sombrero mira al cartero.
- ☐ El hombre del sombrero entra en la oficina postal.
- ☐ Un hombre con un sombrero, un brazalete negro en el brazo y un paraguas, espera el barco.
- ☐ El hombre del sombrero se queda triste y parece frustrado.
- ☐ El hombre del sombrero sale de la oficina postal, camina lentamente, con gesto muy triste y preocupado.
- ☐ El hombre del sombrero camina con pasos rápidos bajo una calle con porches.
- ☐ El primer pasajero que baja del barco es el cartero.
- ☐ El cartero mira al hombre del sombrero.
- ☐ El hombre del sombrero y el cartero conversan.

2. ¿Qué crees que espera el coronel? ¿Por qué está triste? ¿Por qué se ríe de él el cartero?

3. La acción se sitúa en la primera mitad del siglo xx. ¿En qué país crees que ocurre lo que cuenta la película? ¿Por qué piensas que es este país?

☐ En Argentina   ☐ En Cuba   ☐ En México   ☐ En España

TAREA FINAL

Con los conocimientos que ahora tienes sobre literatura, elige una de estas actividades y desarróllala. Luego la presentarás en clase.

1. Vas a grabar un vídeo de 1 minuto titulado *Mi libro preferido*. Puedes mirar estos vídeos como modelo: http://kuentalibros.blogspot.com/p/bachillerato.html.

- ¿Cuál es tu libro preferido?
- Redacta el argumento de forma resumida.
- Reflexiona y escribe una o dos frases sobre qué es lo que te gusta de ese libro.
- Lee varias veces lo que has escrito hasta que estés seguro de que lo has aprendido.
- Busca un escenario para filmar la grabación de tu presentación. Mejor si tienes el libro en la mano y puedes enseñar la portada.
- Pide a un amigo que te grabe con un teléfono móvil o una cámara de fotos. Si quieres, puedes subir tu vídeo al bolg Kuentalibros o a otro que conozcas.

2. Vas a hacer una pequeña antología de todos los poemas que te gusten, en tu lengua o en otras lenguas.

- Elige los diez poemas que más te gusten.
- Copia cada poema en una hoja de papel.
- Traduce algún fragmento al español.
- Ilustra cada poema con un dibujo o una fotografía.
- Cita el nombre del autor o la autora.
- Confecciona un pequeño librito con todas las hojas y numéralas.
- Haz un índice de poemas con las páginas.
- Piensa un título y dibuja la portada.
- Dibuja y redacta un breve resumen para la contraportada (puedes inventarte el nombre de una editorial).
- Grapa las páginas de los poemas y el índice con la portada y la contraportada.

15 NOVELAS IMPRESCINDIBLES EN ESPAÑOL

Don Quijote de la Mancha, de Miguel de Cervantes
El lazarillo de Tormes, de escritor anónimo
El Buscón, de Francisco de Quevedo
Rayuela, de Julio Cortázar
La Regenta, de Leopoldo Alas ''Clarín''
Niebla, de Miguel de Unamuno
Pedro Páramo, de Juan Rulfo
Cien años de soledad, de Gabriel García Márquez
La ciudad y los perros, de Mario Vargas Llosa
El siglo de las luces, de Alejo Carpentier
La Colmena, de Camilo José Cela
El Túnel, de Ernesto Sábato
El libro de arena, de Jorge Luis Borges
El Señor Presidente, de Miguel Ángel Asturias
Paradiso, de José Lezama Lima

15 CUENTOS IMPRESCINDIBLES DEL S.XX EN ESPAÑOL

Continuidad de los parques, de Julio Cortázar
El eclipse, de Augusto Monterroso
El primer beso, de Clarice Linspector
El Aleph, de José Luis Borges
El otro yo, de Mario Benedetti
El Tajo, de Francisco Ayala
La trastienda de los ojos, de Carmen Martín Gaite
El niño lobo del cine Mari, de José María Merino
Ella acaba con ella, de Juan José Millás
La cara de la desgracia, de Juan Carlos Onetti
El jorobadito, de Roberto Arlt
Amores, de Luis Mateo Díez
Esa mujer, de Rodolfo Walsh
Chac Mool, de Carlos Fuentes
La lengua de las mariposas, de Manuel Rivas

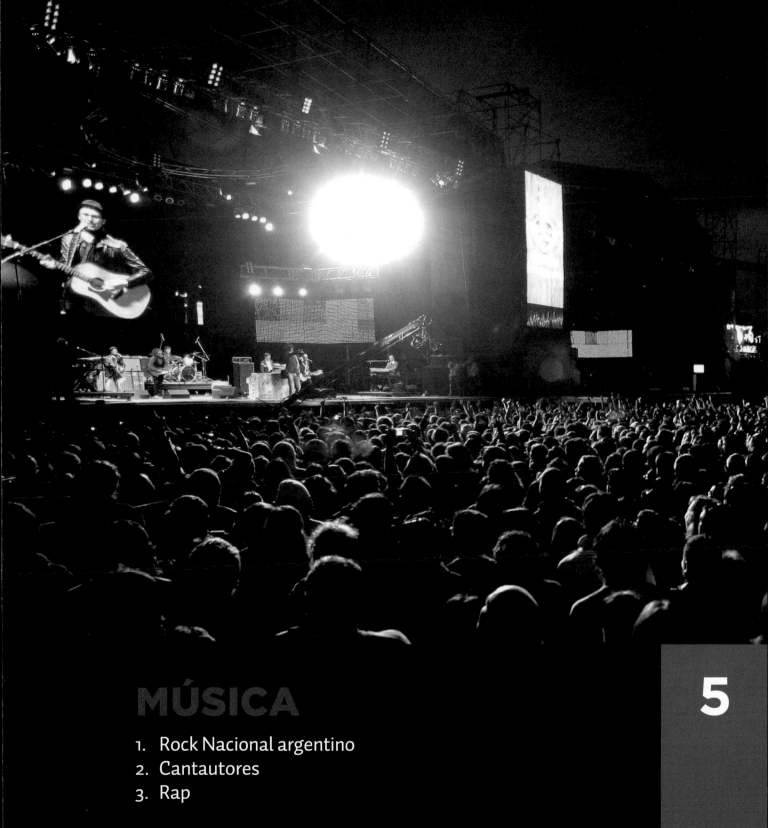

MÚSICA

5

UN MOVIMIENTO CULTURAL

1. ¿Te gusta el rock? ¿Qué sabes de la historia del rocanrol? ¿En tu país, hay cantantes que hacen rock en tu lengua o solo en inglés? Lee el texto y, después, responde a las preguntas.

1 El movimiento llamado Rock Nacional en Argentina, más que un género musical es un fenómeno social y cultural. Tuvo su origen a finales de los años 60. La música que se escuchaba en las radios argentinas era de dos tipos: o música en español ligada a la tradición del país (tangos, coplas, etc.) o música **anglosajona**, en inglés (Beatles, Rolling Stones). Algunos grupos musicales juveniles quisieron entonces hacer canciones con la fuerza y la expresividad de las modas que les llegaban desde EEUU o Gran Bretaña pero en su lengua, en español. Se reunían en algunos bares de Buenos Aires a componer y a tocar sus canciones. Así surgieron los primeros grupos de este movimiento que primero se llamó "Música Beat", luego "Música Progresiva" y, finalmente, "Rock Nacional". Algunos grupos pioneros fueron Los Gatos, Almendra, Sui Generis o Los abuelos de la Nada. Sus inicios no fueron fáciles. Como cantaban en español, las discográficas argentinas no confiaban en ellos y, a causa de sus melenas y trajes "hippies", muchos locales no les dejaban hacer conciertos porque tenían miedo de su imagen, que en aquellos momentos se relacionaba con el alcohol, las drogas y la rebeldía social. Sin embargo, poco a poco, empezaron a tener éxito entre los jóvenes y a ser conocidos en todo el país. La primera canción que puede ser considerada un éxito fue "La balsa", de Los Gatos.

⬆ Sui Generis

2 Durante los años de la dictadura argentina (1976 - 1983) el Rock Nacional sobrevivió con grandes dificultades, sobre todo en los primeros años: muchos integrantes de los grupos eran considerados **"subversivos"**, por ello se exiliaron o dejaron la música. Otros, siguieron cantando en el país pero sufrían la censura que era muy fuerte y muchas veces debían cambiar las letras de sus canciones o bien no podían cantarlas en público ni grabarlas en un disco. Un ejemplo es el cantautor León Gieco, quien tuvo que irse un tiempo a vivir al extranjero para poder componer y cantar en libertad, y, de vez en cuando, volvía a Argentina, y en sus conciertos, lanzaba mensajes de libertad. Los grandes medios de comunicación argentinos, en manos de la dictadura militar, no pasaban sus canciones, sin embargo los jóvenes iban masivamente a escucharlo y se las sabían de memoria. Muchos autores, como él, **disfrazaban** las críticas a la situación del país con juegos de palabras. Un grupo que también tuvo mucho éxito entre los jóvenes, porque logró hacer letras que decían muchas cosas de forma ingeniosa y evitar la censura, fue Serú Guirán, compuesto por algunos artistas muy importantes, entre ellos, Charly García, que todavía es muy popular. Eran conocidos por sus conciertos en bares y pequeños locales, pero no se podían escuchar nunca por la radio.

⬆ León Gieco

3 El conflicto con el Reino Unido por la soberanía de las Islas Malvinas produjo la guerra de las Malvinas (1982) y una de sus consecuencias fue que las autoridades prohibieron la música anglosajona en las radios. Esta circunstancia fue una gran oportunidad para los autores del Rock Nacional, pues recuperaron su difusión de forma pública y **masiva**. En mayo de 1982 las autoridades organizaron un gran festival para recoger ropa y alimentos, y para ayudar a los soldados que combatían en la guerra. Esta fue una ocasión que las bandas y autores del Rock Nacional aprovecharon para lanzar su mensaje a favor de los derechos humanos ante un auditorio de más de 60.000 espectadores. La recuperación del movimiento musical y cultural de masas había empezado.

↑ *Soda Stereo*

4 El **fracaso** de Argentina en la guerra de las Malvinas significó el final de la dictadura. Los argentinos pudieron votar un nuevo gobierno democrático en 1983, y en ese momento ya había muchas bandas nuevas del Rock Nacional formadas por jóvenes músicos. Sus letras ya no tenían la **carga social** de las anteriores: eran letras frescas, divertidas y bailables. De estos grupos **destacan** Soda Stereo, Miguel Mateos (Zas), Virus y GIT.

↑ *Los Fabulosos Cadillacs*

5 A lo largo de los años 90 y hasta la actualidad, el movimiento llamado Rock Nacional crece muchísimo y se abre a nuevas tendencias: punk, ska y ritmos latinos y africanos. Las bandas más importantes son Los Fabulosos Cadillacs, Divididos, Las pelotas, Bersuit y Los caballeros de la Quema. De ellas han salido artistas de gran éxito internacional, como Vicentico, Fito Páez y Andrés Calamaro. Han pasado más de 30 años desde los inicios del Rock Nacional. El movimiento sigue vivo desde esos primeros conciertos, casi **clandestinos**, en bares y pequeños locales. En la actualidad mueve a grandes multitudes de gente.

GLOSARIO

anglosajón – *de habla inglesa*
subversivo – *revolucionario, peligroso para el poder establecido*
disfrazar – *disimular, cubrir con otra apariencia*
masivo, de masas – *que mueve a mucha gente*
fracaso – *derrota, pérdida*
con carga social – *comprometidas con los problemas sociales*
destacar – *sobresalir*
clandestino – *escondido, secreto*

2. El texto está dividido en cinco partes. Elige un título para cada una de ellas de la siguiente lista. Atención, hay cuatro títulos de más.

El Rock Nacional en la actualidad: expansión y diversidad ☐

El Rock Nacional actual, tiempos de paz y de bonanza ☐

La Guerra de las Malvinas, una oportunidad para los mensajes de paz ☐

Supervivencia en los años de la dictadura ☐   Años de silencio ☐

Los orígenes de la guerra ☐   Los difíciles incicios ☐

Cantar en libertad ☐   Los cantantes de las Islas Malvinas ☐

3. Relaciona:

1. León Gieco

2. Los Gatos

3. Música Progresiva

4. Concierto de Solidaridad con los soldados de la guerra de las Malvinas

5. Serú Girán

6. La Balsa

a. El primer grupo famoso de Rock Nacional

b. Oportunidad que tuvieron los artistas del Rock Nacional de poder cantar ante miles de personas

c. La canción más popular del Rock Nacional

d. Cantautor famoso durante la dictadura Argentina y en la actualidad

e. Uno de los nombres que recibía el Rock Nacional en sus inicios

f. Grupo de mucho éxito por sus letras ingeniosas para evitar la censura

4. ¿Hay algún movimiento parecido al Rock Nacional en tu país? Háblalo con tu compañero.

5. Mira y/o escucha en internet canciones de los grupos citados en el texto. Luego, busca informaciones sobre el grupo que más te guste y escribe un pequeño texto informativo sobre él.

¿QUÉ NOS RECOMIENDAS?

CD09

1. Vas a escuchar una entrevista a Alejandro Sáenz, experto en Rock Nacional.

¿Cuál fue la primera canción que escuchó/aprendió?

....

....

¿Dónde? ¿Cuándo?

....

....

¿Qué grupos le gustan? ¿Por qué?

....

....

¿Qué canciones le gustan? ¿Por qué?

....

....

¿Qué nos recomienda?

....

....

....

2. Busca en internet las recomendaciones musicales de Alejandro y escúchalas. ¿Cuál te gusta más? ¿Hay alguna que no te guste nada? Coméntalo con un compañero.

3. Vamos a hacer un concurso. Tienes tres minutos para escribir el nombre de todos los grupos de rock y pop que conozcas. Piensa en grupos hispanos porque ¡puntúan doble! Tu profesor/a controlará el cronómetro. Después tenéis que asignar un punto por cada grupo y dos puntos si el grupo canta en español. Gana el que sume más puntos.

CANCIONES

1. ¿Sabes lo que es un cantautor? Es una palabra formada por otras dos, ¿sabes cuáles son? Si no lo sabes, busca la palabra en el diccionario. ¿Cómo se dice en tu lengua? ¿Conoces canciones de cantautores? ¿Qué cantautores conoces en tu lengua? ¿Qué cantautores conoces en español?

2. Aquí tienes unos fragmentos de letras de canciones de autor muy famosas en el mundo hispánico. ¿Qué imágenes te vienen a la cabeza cuando las lees?

GRACIAS A LA VIDA

Gracias a la vida que me ha dado tanto.
Me ha dado la risa y me ha dado el llanto.
Así yo **distingo dicha** de **quebranto**,
los dos materiales que forman mi canto
y el canto de ustedes que es el mismo canto,
y el canto de todos, que es mi propio canto" [...]

Violeta Parra

1

TE RECUERDO AMANDA

Te recuerdo, Amanda,
la calle mojada,
corriendo a la fábrica donde trabajaba Manuel.
La sonrisa ancha,
la lluvia en el pelo,
no importaba nada,
ibas a encontrarte con él,
con él, con él, con él, con él.
Que partió a la sierra.
Que nunca hizo daño.
Que partió a la sierra,
y en cinco minutos quedó destrozado.
Suena la sirena, de vuelta al trabajo.
Muchos no volvieron, tampoco Manuel.

Víctor Jara

2

MEDITARRÁNEO

Yo, que en la piel tengo el sabor
amargo del **llanto** eterno,
que **han vertido** en ti cien pueblos
de Algeciras a Estambul
para que pintes de azul
sus largas noches de invierno.
A fuerza de **desventuras**,
tu alma es profunda y oscura.
A tus **atardeceres** rojos
se acostumbraron mis ojos
como el **recodo** al camino.
Soy cantor, soy **embustero**,
me gusta el juego y el vino,
tengo alma de marinero.
Qué le voy a hacer,
si yo nací
en el Mediterráneo.

J.M. Serrat

3

CONTAMÍNAME

Contamíname,
pero no con el humo que **asfixia** el aire
ven, pero sí con tus ojos y con tus bailes
ven, pero no con la rabia y los malos sueños
ven, pero sí con los labios que anuncian besos.

Contamíname, mézclate conmigo,
que bajo mi rama tendrás abrigo.
Contamíname, mézclate conmigo,
que bajo mi rama tendrás abrigo.

Pedro Guerra

4

CANCIÓN CON TODOS

Todas las voces, todas.
Todas las manos, todas.
Toda la sangre puede
ser canción en el viento.
¡Canta conmigo, canta,
hermano americano!
¡Libera tu esperanza
con un grito en la voz!

**Armando Tejada Gómez y César Isella
Intérprete: Mercedes Sosa**

5

GLOSARIO

distinguir – *conocer la diferencia que hay entre una cosa y otra*
dicha – *felicidad, alegría*
quebranto – *pena, tristeza*
llanto – *expresión de dolor por medio de lágrimas y quejas*
verter – *echar un líquido sobre algo*
desventuras – *desgracias, cosas malas*
atardecer – *última parte de la tarde, cuando se oculta el sol*
acostumbrarse – *adquirir un hábito, una costumbre*
recodo – *curva en un camino*
embustero – *mentiroso*
qué le voy a hacer – *no puedo hacer nada para cambiar esta situación*
asfixiar – *ahogar, no dejar respirar*

3. Clasifica las canciones según su tema. Pon el número correspondiente en el cuadrado blanco.

☐ Los inmigrantes nos traen una diversidad cultural que nos enriquece.

☐ La historia de un obrero que murió bajo la dictadura.

☐ Ser de la costa del norte de África, el sur de Europa o del Oriente Próximo tiene unas características especiales.

☐ Viva la libertad de América Latina.

☐ Los cantautores son la voz del pueblo.

4. ¿Qué letra te gusta más? ¿Por qué? Uno de los versos coincide con el título de este libro. ¿Por qué crees que se ha elegido precisamente este título? Coméntalo con la clase.

Az 5. Busca en las letras las palabras relacionadas con la música y la canción y haz una lista. ¿Hay palabras de la misma familia? Agrúpalas y añade al grupo otras palabras que conozcas.

🖥 6. Dividid la clase en cinco parejas o grupos. Elegid una de las canciones de manera que cada grupo trabaje sobre una canción diferente. Buscad en internet la letra entera, la música, la historia de la canción y de su autor, y presentad la canción a la clase según esta ficha:

TÍTULO:

AUTOR/A:

INTÉRPRETE:

PAÍS: AÑO:

ÉPOCA SOCIAL Y POLÍTICA DE LA CANCIÓN:

CANCIONES QUE MARCAN LA HISTORIA

1. ¿Sabes si hay canciones que han marcado la historia de tu país? ¿Cuáles? ¿Cuándo?

CD10

2. Vas a escuchar un programa de radio sobre canciones que han marcado la historia. Señala cuál de estos cantautores son mencionados en la audición y en qué orden.

León Gieco

Victor Jara

Mercedes Sosa

Luis Eduardo Aute

Joan Manuel Serrat

3. Escucha por segunda vez, si es necesario, y completa la siguiente tabla:

	Canción	Autor/Intérprete	País
Lucía			
José Carlos			
Laura			

4. Relaciona estos acontecimientos históricos con algunas de las canciones que se citan en la entrevista.

a. El golpe de Estado de Pinochet en Chile ....

b. La dictadura franquista en España ....

5. ¿Qué cantautores y qué canciones mencionadas en el audio aparecen en la actividad "Canciones"? Márcalos en el cuadro de arriba.

RAPEROS

1. ¿Te gusta el rap? Elige uno o varios adjetivos con los que calificarías este género musical.

provocador   actual   revolucionario   literario

monótono   pesado   repetitivo   brillante

> El **rap** es la parte musical y cantada de un movimiento estético más amplio: el hip-hop, que engloba también el breakdance y los graffiti. Su origen hay que buscarlo en el Bronx neoyorquino, en la música callejera de los grupos urbanos negros y latinoamericanos que improvisaban melodías y rimas, reciclando e inventando instrumentos musicales.

2. ¿Conoces algún cantante de rap en español? ¿Y en tu lengua?

3. Lee estos titulares y habla con un compañero. ¿Con qué fotografías de la página siguiente están relacionados?

REPORTAJE

Rap en la casa natural de Cervantes

El músico El Chojin imparte una clase en Alcalá para festejar el Día de la Poesía

1

REPORTAJE

La aventura americana de Mala Rodríguez

Con su nuevo disco, el lanzamiento internacional más fuerte del 'hip hop' español, la 'rapera' andaluza apunta el público latino de EE UU

2

Entrevista con G1, miembro del grupo de hip hop Rebel Díaz reprimido por la policía en el Bronx

3

Luis Eduardo Aute: 'Los raperos son los nuevos cantautores'

4

4. ¿Estás de acuerdo o en desacuerdo con la opinión de L.E. Aute en que los raperos son los nuevos cantautores? Coméntalo con tu compañero y da dos razones para defender tu opinión. Escríbelas abajo. Luego, tu profesor hará una puesta en común con todas las opiniones de la clase para saber cuál es la mayoritaria.

ENTREVISTA A EL CHOJIN

1. Lee la transcripción del documento audio. En ella faltan algunas palabras. Complétala con las que hay a continuación.

| barrios | canciones con mensaje | cantautores | cantautores | información | raperos | reporteros | música | música |

Presentador: Se dice que los _____ sois los nuevos _____ porque sois los que hacéis _____ hoy en día.

El Chojin: Pues sí. Yo creo que sí que es cierto. Yo he hablado con _____ y lo que cuentan es que ellos nacieron hace mucho tiempo y que, claro, el rap les queda un poco a desmano pero que si hubieran nacido en nuestra época probablemente harían lo mismo porque la idea es la misma. Nosotros tenemos otra estética y estamos adaptados a los tiempos en los que estamos ahora, pero yo creo que la filosofía en sí es la misma: hacer de la _____ algo útil. La _____ puede encontrar su utilidad solamente en la diversión, yo no digo que no, pero no hace falta tener que decir catorce veces en un disco que estás enamorado de la chica o que la chica te deja, que es lo que pasa en los discos de pop normalmente. Nosotros intentamos darle otra visión. Hay quien dice que nosotros somos la CNN de los _____. Somos como _____ que damos una especie de _____ alternativa. Pues a mí me gusta pensar que es así. Y es un poco lo que hacían ellos.

2. Escucha el fragmento de entrevista y comprueba si tus opciones son las correctas.

CD11

3. Busca informaciones sobre El Chojin en su web http://www.elchojin.net/2011/ y escribe su biografía, su discografía y algunas de sus otras actividades más relevantes.

PARA HABLAR DE

LUGARES
concierto, radio, televisión

_____

_____

PERSONAS
grupo musical,
banda, cantautor,
rapero, músico, autor,
compositor, cantante

_____

_____

GÉNEROS
canción de autor,
rock, hip-hop, rap,
pop, bolero, tango

_____

_____

OBJETOS
guitarra, samplers,
micrófono, batería, bajo

_____

_____

DVD

1. Mira esta secuencia donde la rapera Arianna Puello ensaya su canción. ¿Qué hace Arianna antes de cantar? ¿Tiene que repetir la canción muchas veces? ¿Por qué?

2. Completa el texto de un fragmento de la canción añadiendo las palabras siguientes:

| la calle | la función | la gente | la guerra | la televisión | la tierra |

| la verdad | los derechos humanos | muy malos | petróleo | un pueblo |

Sed de venganza, sangre por _____. Odio por una raza, ganas de monopolio. Mientras, _____ castigado espera venir tiempos peores, tiempos _____. Resignación ante tanta presión, de _____ violación, sin piedad ni compasión. Empieza _____, pasen y vean: _____ es esta, maldita sea. No hagan caso de _____ porque esta es un medio de manipulación. Alarma social a nivel mundial. No hay razones convincentes del porqué. No hay aval. sale _____, por toda _____, para gritar bien fuerte: ¡NO A _____!

3. Lee el texto como si fuera un rap, como Arianna. ¿Qué frase te ha resultado más difícil?

TAREA FINAL

Con los conocimientos que ahora tienes sobre música, elige una de estas actividades y desarróllala. Luego la presentarás en clase.

1. Vas a hacer un vídeo sobre un problema social de la actualidad, poniendo música y letras de algún cantautor o de algún rapero a las imágenes.

- Con tus compañeros haced una lista de problemas actuales sobre los que queréis hacer un vídeo.
- Elegid uno de los problemas.
- Buscad imágenes que los ilustren y ordenadlas para hacer con ellas un montaje de vídeo.
- Buscad una canción que sirva de banda sonora al problema que queréis exponer (debe ser una canción cuya letra tenga relación con el problema expuesto).
- Haced el montaje del vídeo con las imágenes y la música.
- Añadid los créditos y el título.

2. Vas a hacer un vídeo-clip de una canción que os guste.

- Entre todos elegid una canción de un cantautor o de un rapero en español que os guste.
- Estudiad bien la letra y buscad imágenes que puedan ilustrarla.
- Ordenad las imágenes de forma que sigan el desarrollo de la letra.
- Realizad un montaje de vídeo con las imágenes y la música elegida.
- Añadid los créditos y el título.

NO TE LO PIERDAS

📖 *¡Qué circo! Memoria y presente de medio siglo de rock argentino!*, de Miguel Cantilo
La sonrisa, de Víctor Jara de Jorge Coulon
Rap, 25 años de rimas, de El Chojin & Francisco Reyes
Zona de obras, nº 47. Dossier Monográfico: "Hip Hop España y Latinoamérica"

🎥 *B.A. Rock. La película* (1982), de Héctor Olivera
Tango feroz. La leyenda de tanguito (1993), de Manuel Piñeyra
Violeta se fue a los cielos (2011), de Andrés Wood

ARTES ESCÉNICAS

6

1. Teatro
2. Danza
3. Performance

OBRAS QUE HAN PASADO A LA HISTORIA

1. ¿Sabes algo de estas obras? ¿Y de sus autores? Mira las fotografías, lee los fragmentos de las obras y haz hipótesis sobre lo que cuentan. A continuación, lee los textos para comprobarlo.

Fuenteovejuna (1610), de Lope de Vega

Es una obra de Lope de Vega, uno de los autores de teatro españoles más conocidos y que más obras ha escrito. La obra cuenta la historia de un pueblo llamado Fuenteovejuna que se rebela contra la **tiranía** de su **Comendador**. Este, además de tratar mal a su pueblo, intentó abusar de Laurencia, una chica del pueblo, y luego la metió en la **cárcel** junto con el marido de ella. Por eso la gente del pueblo decide matarlo. Cuando el **juez** intenta **averiguar** quién es el asesino del Comendador, todos contestan que ha sido todo el pueblo.

JUEZ: (...) Decid: ¿quién mató a Fernando?
ESTEBAN: Fuenteovejuna lo hizo. (...)
JUEZ: ¿Quién mató al Comendador?
PASCUALA: Fuenteovejuna, señor.

GLOSARIO

tiranía – *dictadura, abuso o imposición excesiva de cualquier poder o fuerza*
comendador – *jefe militar*
cárcel – *lugar donde se encierra a la gente que ha cometido un delito*
juez – *persona que decide si alguien es culpable o no*
averiguar – *descubrir, saber*

Don Juan Tenorio (1844), de José Zorrilla

Es una obra romántica, escrita por el dramaturgo José Zorrilla, basada en el **mito** de Don Juan. Don Juan es un hombre que no tiene miedo de nada y que solo piensa en disfrutar de los placeres y en conquistar a mujeres. En una **apuesta** que hace en un bar de Sevilla, dice que va a **seducir** a una **novicia**. Y lo hace, pero se enamora de la novicia, doña Inés. Cuando le **pide la mano** a su padre, este le contesta que no. En una pelea, Don Juan mata al padre de doña Inés. Más tarde, su espíritu muerto persigue a Don Juan para que pague por el mal que ha hecho.

DOÑA INÉS: (...) Tu presencia me **enloquece**,
tus palabras me enamoran,
tus ojos me fascinan
y tu boca me **envenena** (...)

DON JUAN: Este amor que hoy siento
en mi corazón mortal
no es amor terrenal
como el que sentí hasta ahora.

GLOSARIO

mito – *creencias e imágenes idealizadas que se forman alrededor de un personaje y que le convierten en modelo o prototipo*
apuesta – *desafío, juego, reto*
seducir – *enamorar, conquistar*
novicia – *una mujer que se prepara para ser monja (mujer religiosa)*
pedir la mano – *pedirle permiso al padre de la novia para casarse con ella*
enloquecer – *volverse loco*
envenenar – *matar con veneno*

La vida es sueño (1635), de Calderón de la Barca

Es una obra de Calderón de la Barca, un autor de teatro español del siglo XVII. En ella se cuenta la historia de Segismundo, un príncipe que se encuentra en una torre, encerrado desde su nacimiento por su padre, Basilio, que quiso **evitar** que se rebelara contra él para tomar el poder. Cuando Basilio es viejo, decide sacar a su hijo de la cárcel y llevarlo al palacio, para ver si es bueno o no. Cuando cambia de vida, Segismundo no sabe si está soñando ni cuál de las dos vidas (la de la torre o la del palacio) es la verdadera ni cómo tiene que **comportarse** para poder **quedarse** en el palacio.

SEGISMUNDO:
¿Qué es la vida? Un **frenesí**,
¿Qué es la vida? Una ilusión,
una sombra, una ficción,
y el mayor bien es pequeño:
que toda la vida es sueño,
y los sueños, sueños son.

La casa de Bernarda Alba (1936), de Federico García Lorca

Es una obra muy conocida de Federico García Lorca, poeta y autor de teatro español. Después de la muerte de su segundo marido, Bernarda Alba, una madre **déspota** y controladora, decide **estar de luto** durante 8 años, encerrada en casa, junto a sus hijas, Angustias (hija del primer marido y heredera de sus riquezas), Magdalena, Amelia, Martirio y Adela (hijas del segundo marido). A Bernarda no le importa la felicidad de sus hijas, solo la **reputación** de su familia. Esa situación **insostenible** explota cuando aparece Pepe el Romano, que se quiere casar con Angustias por su dinero, pero que está enamorado de Adela, la pequeña de las hermanas. Cuando Adela quiere marcharse con él, ocurre una desgracia.

MARTIRIO: (A voces.) ¡Madre, madre!
(…) (Señalando a Adela.) ¡Estaba con él! (…)
BERNARDA: ¡Esa es la cama de las mal nacidas!
(Se dirige furiosa hacia Adela.)
ADELA: (Haciéndole frente.) ¡Aquí se acabaron las voces de presidio! (Adela **arrebata** un **bastón** a su madre y lo parte en dos.) Esto hago yo con la **vara** de la dominadora (…) ¡En mí no manda nadie más que Pepe!

GLOSARIO

evitar – hacer que algo no pase
comportarse – actuar
quedarse – permanecer en un lugar, no irse
frenesí – sentimiento exaltado

GLOSARIO

déspota – persona que abusa de su poder o autoridad
estar de luto – vestirse de negro después de la muerte de alguien cercano
reputación – opinión que se tiene de alguien
insostenible – que no puede durar mucho tiempo
hacer frente – enfrentarse, oponer resistencia, luchar
presidio – cárcel
arrebatar – quitar, coger
bastón – palo para caminar, usado por las personas mayores
vara – palo

2. A. ¿Qué tema relacionas con cada obra?

a. el destino, la libertad: _____

b. la justicia: _____

c. la tradición y la reputación: _____

d. el amor y el arrepentimiento: _____

B. ¿Conoces otras obras de teatro que tratan estos temas? ¿Cuáles?

3. Redacta un texto parecido sobre una obra de un autor de teatro de tu país.

¿SABÍAS QUE...

...Don Juan Tenorio es la obra española más representada en España y en Hispanoamérica? Desde que fue escrita se suele representar los días 31 de octubre y 2 de noviembre, coincidiendo con la celebración del día de Todos los Santos, día de los Fieles Difuntos o día de Muertos.

...para escribir su obra Fuenteovejuna, Lope de Vega se inspiró en hechos históricos ocurridos en un pueblo de Córdoba que se llama Fuente Obejuna?

...Federico García Lorca fue asesinado en 1936 en la Guerra civil española (1936-1939) pocos meses después de terminar de escribir la obra La casa de Bernarda Alba?

Situaciones que se repiten:

Almagro Off es un proyecto del Festival de Teatro de Almagro (en España) que premia obras de artistas jóvenes inspiradas en los clásicos. En 2011, premió a una obra argentina que se inspira en "La vida es sueño" y sitúa a Segismundo en Guantánamo. También otorgó un premio a una obra inspirada en "Fuenteovejuna", que hace un paralelismo entre ese pueblo y Ciudad Juárez (en México), donde las mujeres sufren abusos, como la Laurencia de la obra de Lope de Vega.

EL PERSONAJE: CLAUDIO TOLCACHIR

1. ¿Sabes quién es Claudio Tolcachir? Lee su ficha para averiguarlo. Después, lee los fragmentos de algunas de sus entrevistas y contesta a estas preguntas:

a. ¿Qué has aprendido sobre el personaje?

b. ¿Cómo trabaja y qué relación tiene con el teatro?

NOMBRE:

Claudio Tolcachir

AÑO DE NACIMIENTO:

1975

LUGAR DE NACIMIENTO:

Buenos Aires, Argentina

PROFESIÓN:

actor, dramaturgo, director y profesor de teatro

ESTUDIOS:

estudió en la escuela Labarden

AUTORES DE TEATRO PREFERIDOS:

Chéjov y Beckett

BIOGRAFÍA ARTÍSTICA:

Ha trabajado como actor en muchas obras. Ha dirigido obras de otros autores, como *Orfeo y Eurídice*, de Jean Anouilh, o *Todos son mis hijos*, de A. Miller. Ha escrito y ha dirigido *Tercer cuerpo, La omisión de la familia Coleman* y *El viento en un violín*. En 1998, fundó Timbre 4, una compañía teatral donde también trabaja como profesor.

Retazos de entrevistas

1. Sí (...) Cuando estoy dirigiendo un tiempo, **extraño** actuar y cuando estoy actuando me gusta poder volver a dirigir. **En resumidas cuentas**, a mí me gusta el teatro, me gusta el teatro en todas sus formas, me gusta estar en el teatro.

2. Hay mucha historia, tenemos más de 100 años de teatro independiente, el juego del nuevo teatro. Desde chico, mis padres me llevaban a ver teatro de mayores. Además en los momentos más críticos políticos y sociales, el teatro servía para que la gente se juntase a pensar y sentirse unido.

3. Hay muchos tipos de buenos actores. (...) A veces **estoy atento** a los actores en los camerinos y en el café, cuando no tienen la tensión de actuar, y tienen un brillo y una capacidad de juego que a veces pierden en el escenario. Intento que se pueda trasladar esa frescura de fuera al escenario.

4. Yo siempre trabajo con los mismos actores, a los que siempre tengo en mente cuando escribo. Es lo que me divierte. Así ocurre que estoy meses y meses sin escribir una palabra, pero la obra se va **armando**, hasta que llega un momento en que **toma cuerpo**. Y entonces soy muy **veloz** escribiendo.

GLOSARIO

retazo – *trozo, fragmento*
extrañar – *echar de menos*
en resumidas cuentas – *en resumen*
estar atento – *observar con atención*
armar – *construir*
tomar cuerpo – *empezar a coger forma, en este caso, de obra de teatro*
veloz – *rápido*

2. ¿Qué preguntas crees que corresponden a cada fragmento de entrevista?

a. ¿Usted crea antes los personajes o las situaciones? ☐

b. Actor, director, dramaturgo y docente, ¿te sientes igual de cómodo en cada una de estas facetas? ☐

c. ¿Cuánto tiempo necesitas para saber si un actor o una actriz puede llegar a ganarse la vida con la interpretación? ☐

d. ¿Qué tenéis los argentinos en esa especial relación con el teatro? ☐

Az **3. A.** Relaciona las palabras que aparecen en el texto con su definición:

a) actor

b) dramaturgo

c) director

d) camerino

e) escenario

1. lugar donde los actores se visten

2. persona que escribe una obra de teatro

3. persona que interpreta a un personaje

4. lugar donde se representa la obra de teatro

5. persona que organiza la representación y el trabajo de los actores

B. Traduce las palabras a tu idioma.

4. Busca información sobre el argumento de alguna de las obras escritas por Tolcachir y resúmelo en tres líneas.

_____

_____

_____

5. Haz una ficha personal de un director o actor de teatro de tu país.

FOTO	NOMBRE:	AÑO DE NACIMIENTO:
	LUGAR DE NACIMIENTO:	PROFESIÓN:
	ESTUDIOS:	AUTORES DE TEATRO PREFERIDOS:

UNA EXPERIENCIA TEATRAL

CD12

1. Vas a escuchar una entrevista con Manuel Díaz, un joven actor español. Primero, vas a escuchar la presentación que hace de él el entrevistador. ¿Lo has entendido? Contesta a estas preguntas:

a. ¿Qué estudió en Sevilla? _____

b. ¿Qué estudió en Madrid? _____

c. ¿Dónde trabaja actualmente? ¿Qué hace? _____

CD13

2. Escucha ahora la parte de la entrevista y anota las preguntas que le hace el entrevistador.

1. _____

2. _____

3. _____

3. Escucha la entrevista otra vez. Para cada pregunta, escribe lo que entiendas en tu cuaderno. Después, compáralo con un compañero.

4. ¿Te parece interesante su experiencia? ¿Por qué? Coméntalo con el resto de la clase.

5. Busca información sobre Guinea Ecuatorial: dónde está, cuántos habitantes tiene, lengua/s oficial/es, etc.

ESPECTÁCULOS DE DANZA

1. A. Mira rápidamente los cuatro espectáculos propuestos. ¿Qué significan las palabras "flamenco", "caballos", "danza contemporánea" y "Cenicienta"?

B. Lee los textos y elige el espectáculo que te atrae más. Comenta tu elección con un compañero.

Museo del Baile Flamenco: Pasión Flamenca

Local: Museo del Baile Flamenco | **Fechas:** 30/sep al 17/dic
Destino: Sevilla | **Categoría:** Danza

Disfruta todos los viernes y sábados del año de un auténtico espectáculo flamenco, en el marco incomparable del Museo del Baile de Sevilla.

Cómo bailan los caballos andaluces

Local: Fundación Real Escuela Andaluza del Arte Ecuestre
Fechas: 29/sep al 29/dic
Destino: Jerez de la Frontera | **Categoría:** Danza

La exhibición "Cómo bailan los caballos andaluces" es un **ballet ecuestre** con música netamente española y vestuario **a la usanza** del siglo XVIII.

La Cenicienta

Local: Teatro Campos Elíseos Antzokia | **Fechas:** 10/oct al 12/oct
Destino: Bilbao | **Categoría:** Danza | **Otros:** Entradas en Bilbao

LaMov presenta su última creación: "La Cenicienta". Una obra que **mezcla** la literatura, la música, la pintura y la danza (...).

Tres

Local: Sala La Fundición | **Fechas:** 11/nov al 12/nov
Destino: Sevilla | **Categoría:** Danza

"Tres" es un espectáculo de danza contemporánea que nos presenta la condición a la que **se ven sometidas** un grupo de mujeres a causa de su sexualidad. Una exploración de los límites del cuerpo en Sala La Fundición.

GLOSARIO

ballet ecuestre – *ballet donde bailan los caballos*
a la usanza – *como se hacía antiguamente*
mezclar – *juntar, unir*
verse sometido – *estar obligado*

Az **2.** Las palabras "nov", "sep", "dic" y "oct" son abreviaturas de meses del año. ¿Puedes escribir la palabra entera que les corresponde?

sep							oct							nov							dic						
L	M	Mi	J	V	S	D	L	M	Mi	J	V	S	D	L	M	Mi	J	V	S	D	L	M	Mi	J	V	S	D
		1	2	3	4	5					1	2	3	1	2	3	4	5	6	7			1	2	3	4	5
6	7	8	9	10	11	12	4	5	6	7	8	9	10	8	9	10	11	12	13	14	6	7	8	9	10	11	12
13	14	15	16	17	18	19	11	12	13	14	15	16	17	15	16	17	18	19	20	21	13	14	15	16	17	18	19
20	21	22	23	24	25	26	18	19	20	21	22	23	24	22	23	24	25	26	27	28	20	21	22	23	24	25	26
27	28	29	30				25	26	27	28	29	30	31	29	30						27	28	29	30	31		

3. En parejas, buscad en internet la respuesta a estas preguntas. Podéis plantearlo como un juego a ver qué pareja es la primera que las encuentra.

a. ¿Dónde está Jerez de la Frontera? _____

b. ¿Qué es el Museo del Baile de Sevilla? _____

c. ¿Qué es LaMov? _____

d. ¿Qué tipo de página web es www.atrapalo.com? _____

4. Busca información sobre dos espectáculos, uno que se haga en tu país y otro en España. A continuación, redacta un anuncio con la misma estructura de los que aparecen en la página anterior.

Foto		
Local:		Fechas:
Destino:		Categoría:

Foto		
Local:		Fechas:
Destino:		Categoría:

LA DANZA MODERNA: JOSÉ ARCADIA LIMÓN (1908-1972)

1. ¿Entiendes el significado de las siguientes palabras?
Tradúcelas a tu idioma y, si es necesario, usa el diccionario.

espectáculo   bailarín   coreografía

coreógrafo   compañía de danza

> Se llama **danza moderna** a las formas de danza evolucionadas del ballet clásico, que empezaron a aparecer a finales del siglo XIX y que defendían la naturalidad en la danza y la introducción de ritmos modernos. En la danza moderna los bailarines pueden tener los pies descalzos y pueden moverse con más naturalidad. La danza moderna evolucionó a lo largo del siglo XX y en los años 50 se empezó a llamar **danza contemporánea**.

CD14

2. Vas a escuchar una parte de un reportaje sobre José Limón, un bailarín mexicano. Completa su biografía.

Su biografía

_____: nace en México, en Culiacán.

1915: su familia emigra a Estados Unidos.

1928: empieza sus estudios de Bellas Artes en Nueva York. Quiere ser _____.

_____: va a un espectáculo de los bailarines Harald Kreutzberg e Ivonne Georgia que le sorprende mucho. Poco después, empieza a estudiar danza con la bailarina Doris Humphrey.

1930 - 1940: _____ Humphrey-Weidman.

1946: _____ (Limón Dance Company).

1969: crea la fundación de danza José Limón (José Limón Dance Foundation).

1973: _____.

> **¿SABÍAS QUE...**
> ... en México existe el Premio Nacional de Danza José Limón para coreógrafos y bailarines de las danzas moderna y contemporánea?
> ... la Malinche es el nombre de la amante y traductora de Hernán Cortés (el capitán español que conquistó México)?

CD15

3. Ahora vas a escuchar la segunda parte del reportaje. Termina estas frases con la información que entiendas y con tus propias palabras:

a. José Limón es muy importante en la danza moderna ....
....

b. Su obra más conocida es .... y trata el tema ....

c. En las obras _La Malinche, Danzas mexicanas_ y _Ritmo Jondo_ trata el tema ....
....

d. Limón creía que la danza ....
....

LOS MENSAJES DE DOS MUJERES

1. **A.** Mira las fotografías. ¿Qué crees que pretenden comunicar? ¿Por qué?

B. Lee los textos y comprueba tus hipótesis.

El "arte de conducta"

"Arte de conducta" es una expresión inventada por la artista Tania Bruguera para hablar de un arte que hace hacer cosas a la gente. Bruguera es una artista cubana cuyas obras tienen una fuerte dosis de crítica política. Por ejemplo, en su actuación *Cabeza abajo* (1996-1997) camina entre un grupo de personas, los ata y les pone **banderas** como se hace con los países conquistados. Para ella, "provocar es una estrategia para que se escuche el mensaje". Por eso, sus actuaciones son polémicas. Por ejemplo, en 2001, en un performance llamado *Autosabotaje*, Bruguera jugó a la ruleta rusa con una **pistola** que tenía **balas** de verdad. Su intención era mostrar que nos podemos morir **en cualquier momento**.

El cuerpo de la mujer

En 1973, la artista cubana Ana Mendieta sorprendió a toda la universidad de Iowa (EUA) con una performance (*Escena de violación*) donde estaba **atada** a una mesa, **desnuda** y **manchada** de **sangre**. En realidad, era una protesta contra la violación y asesinato de una estudiante de la universidad. Mendieta (que murió en 1985) reflexionó mucho sobre el cuerpo de la mujer, **sagrado** y fértil, pero también víctima de la violencia. En su serie *Siluetas* (1973), cubre su cuerpo de barro y se integra en la naturaleza, sugiriendo el retorno al útero de la madre o la regeneración de la vida. Y en su obra *Glass on body* (1972) se ve su cuerpo desnudo deformado a través de un **cristal**.

GLOSARIO

atado – *sujeto con cuerdas para que no se pueda mover*
desnudo – *sin ropa*
manchado – *sucio*
sangre – *líquido rojo que tienen en el cuerpo los animales*
sagrado – *relacionado con algo sobrenatural*
barro – *tierra mezclada con agua*
cristal – *material de vidrio, como el de las ventanas*

GLOSARIO

bandera – *tela con colores que representa un país*
pistola – *arma de fuego, que sirve para matar*
bala – *objeto que está dentro de la pistola y puede herir o matar cuando penetra en el cuerpo*
en cualquier momento – *siempre, en todos los momentos*

2. Elige una de las performances y explica por qué es tu favorita.

Az **3.** Busca en los textos las palabras que faltan en este cuadro.

Sustantivo		reflexión		sorpresa
Verbo	protestar		criticar	

PERFORMANCE EN LA CALLE: NOTICIAS

1. Vas a leer tres noticias que hacen referencia a estas situaciones: los recortes económicos y sociales en España, el combate contra el narcotráfico en México y el movimiento 15-M (o de los indignados). Busca información en tu lengua sobre estas situaciones para entender mejor las noticias.

Performance para protestar por los recortes en la enseñanza

Los profesores de la Comunidad de Madrid han hecho una performance en la Plaza mayor de Madrid para representar la muerte de las enseñanzas artísticas. Han caminado acompañados por una música **fúnebre**.

"Siluetazo" por las víctimas del combate contra el narcotráfico

En facebook se ha lanzado una campaña para protestar por las muertes que ha habido en la **lucha** contra el narcotráfico. La propuesta es hacer un siluetazo en distintas ciudades de México: la gente **se tumba** en el suelo, dibuja su **silueta** y luego escribe un mensaje en el interior. Esta forma de protesta es cada vez más común en México.

Performance en el banco Santander Central Hispano

Un grupo de **indignados** ha entrado en un edificio del banco Santander Central Hispano y se ha tirado al suelo, simulando un **desmayo**. Después de esa performance, han leído las ideas básicas del movimiento 15-M. La policía ha tenido que intervenir.

> Aunque hay festivales de performance y artistas que se dedican a ello, a veces también hay iniciativas espontáneas de gente que decide hacer una performance para protestar por algo. Actualmente, muchas de ellas se organizan desde facebook u otras redes sociales.

GLOSARIO

recorte – disminución de los salarios o del dinero público gastado en algo (educación, etc.)
fúnebre – de muerte
combate / lucha – oposición, todo lo que se ha hecho para eliminar el narcotráfico
tumbarse – acostarse, echarse en el suelo o en una cama
silueta – dibujo del contorno del cuerpo humano
indignados – nombre de la gente que participa en el movimiento 15-M (en la unidad 2 tienes más información sobre ellos)
desmayo – pérdida de la consciencia

2. ¿Cuál de estas iniciativas te parece más interesante? ¿Por qué?

3. Inventa una performance para protestar o expresar algo y descríbela con un titular de noticia. Piensa en dar esta información:

   a. ¿Dónde se va a hacer?
   b. ¿Cuánto va a durar?
   c. Motivo.
   d. ¿Quién va a participar?
   e. ¿Qué va a pasar? ¿Cómo se va a realizar la performance?
   f. ¿Va a participar el público? ¿De qué forma?

> **¿SABÍAS QUE...**
>
> ...el primer *siluetazo* se hizo en Argentina en 1983 en la Plaza de Mayo? Fue una idea de varios artistas para protestar por los desaparecidos de la Dictadura Militar (1976 - 1983). Mucha gente participó haciendo siluetas sobre papel, que representaban a los desaparecidos.

PARA HABLAR DE

CREACIONES
obra teatral, espectáculo, danza, personaje
_____
_____

PERSONAS
actor, dramaturgo, director, bailarín, coreógrafo, compañía, público
_____
_____

VERBOS
dirigir, actuar, expresar, protestar, reflexionar
_____
_____

LUGARES DONDE ACTUAR
teatro, calle, plaza
_____
_____

DVD

1. Vas a ver un fragmento de una adaptación al cine de una obra de teatro. Mira el fragmento sin voz y contesta estas preguntas:

a. ¿Dónde tiene lugar la escena?

b. ¿Qué personajes ves? ¿Cómo van vestidos? ¿Cuál es su estado de ánimo? ¿Qué relación crees que hay entre ellos?

c. ¿Qué crees que dice la mujer mayor a las demás?

d. ¿Cuál de las obras clásicas que has visto en el capítulo "Teatro" es? ¿Qué te hace pensar que es esa obra?

2. Ahora mira el fragmento escuchando lo que dicen los personajes y comprueba tus hipótesis.

3. ¿Cómo es la idea que tiene Bernarda de la vida de la mujer? ¿Se tiene o se ha tenido alguna vez esa idea en tu país? ¿Dónde? ¿Cuándo? Háblalo con tus compañeros.

TAREA FINAL

Con los conocimientos que ahora tienes sobre artes escénicas, elige una de estas actividades y desarróllala. Luego la presentarás en clase.

1. Tenéis que poneros de acuerdo para ir a ver un espectáculo en algún lugar de España donde viajaréis con toda la clase.

- Haced grupos de 3. Decidid a qué ciudad de España queréis ir y qué tipo de espectáculo tenéis ganas de ver (teatro, danza, performance, etc.).
- Entrad en la página web www.atrápalo.com.
- Leed las ofertas que hay en vuestra ciudad y discutid entre vosotros qué preferís hacer.
- Buscad información en internet (imágenes, muestras en YouTube, etc.) sobre ese espectáculo.
- Exponed vuestra propuesta al resto de compañeros. Explicad qué sabéis sobre el espectáculo y por qué pensáis que puede ser interesante.
- Realizad una votación y elegid, entre todos, el espectáculo que vais a ir a ver.

2. Vais a modernizar una obra de teatro clásica. Redactaréis el argumento y escribiréis también un pequeño fragmento de la obra.

- En parejas o grupos de 3, elegid una obra de teatro clásica (de vuestro país o de cualquier otro país).
- Haced una lluvia de ideas sobre las características generales de la obra: cómo son los personajes, en qué lugar y época los vais a situar, cómo será el vestuario y la escenografía y sobre todo qué cambios queréis hacer en el argumento.
- Ahora tenéis que redactar:
  - Una lista de los personajes, con una pequeña descripción al lado de cada uno de ellos.
  - El argumento principal de la obra (de 5 a 10 líneas).

NO TE LO PIERDAS

⌘ **Festivales de performance**: eBent, en Barcelona (España), Festival de Artes visuales y Performance, en Medellín (Colombia), Festival de Performance, en Cali (Colombia), Performagia y Muestra Internacional de Performance Ex Teresa Arte Actual, en Ciudad de México (México)

⌘ **Festivales de danza:** Festival internacional de música y danza de Granada, en Granada (España), Festival internacional Madrid en Danza y Festival alternativo de teatro, música y danza de Madrid, en Madrid (España), Festival de Buenos Aires de Danza contemporánea, en Buenos Aires (Argentina), Festival de la bienal de flamenco de Sevilla, en Sevilla (España), Festival Internacional de Danza Contemporánea Lila López, en San Luis Potosí (México)

⌘ **Festivales de teatro:** Festival Internacional de Teatro clásico de Almagro, en Almagro (España), Festival de teatro clásico de Mérida, en Mérida (España), Escena contemporánea, en Madrid (España), Festival Iberoamericano de Teatro, en Bogotá (Colombia), "Ni tan solos", Festival Internacional de Unipersonales, en Lima (Perú)

🔊 www.festivales.com
www.atrapalo.com

⌘ **Compañías teatrales:** La Fura dels Baus, Animalario, Teatro de los sentidos, Els Joglars, Comediants, Compañía Nacional de Teatro clásico

⌘ **Compañías de danza:** Gelabert/Azzopardi Compañía de Danza, nats nutsTransit

CINE

7

¡TERRORÍFICO!

1. ¿Te gustan las películas de terror? ¿Por qué? ¿Cuáles has visto? ¿Has visto alguna en español? ¿Cuál de las tres películas de abajo preferirías ver? ¿Por qué? Puedes también contestar que ninguna de las tres y decir por qué razón.

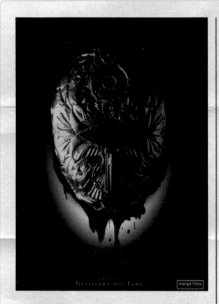

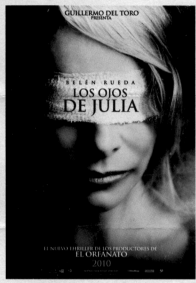

FICHA TÉCNICA

DIRECTOR: Guillermo del Toro
GUIONISTA: Guillermo del Toro
REPARTO: Ron Perlman, Federico Luppi, Claudio Brook, Margarita Isabel, Tamara Shanath, Daniel Giménez Cacho, Mario Iván Martínez, Farnesio de Bernal
PAÍS: México
FECHA ESTRENO: 1993
SINOPSIS: En 1535, un **alquimista** construye un extraordinario **mecanismo** diseñado para dar vida eterna a quien lo tenga, y lo esconde en un pequeño objeto dorado. Muchos siglos después, la máquina, que se alimenta de sangre humana, es descubierta por el **anticuario** Jesús Gris. Este no se da cuenta de que más de una persona busca el extraño objeto. La promesa de vida eterna se ha convertido en una obsesión para el viejo y enfermo Dieter de la Guardia. Tanto él como su sobrino Ángel harán todo lo posible para **conseguirlo**.

FICHA TÉCNICA

DIRECTOR: Guillem Morales
GUIONISTA: Guillem Morales y Oriol Paulo
REPARTO: Belén Rueda, Lluís Homar, Francesc Orella, Joan Dalmau, Boris Ruiz, Clara Segura, Julia Gutiérrez Caba
PAÍS: España
FECHA ESTRENO: 2010
SINOPSIS: Julia regresa a Bellevue con su marido para visitar a su hermana, que está casi **ciega** debido a una enfermedad **degenerativa** de la que intentó operarse sin éxito. Al llegar, descubren que se ha suicidado. Julia no solo debe afrontar la pérdida de su hermana y la duda de que sea haya suicidado, sino también la pérdida de toda esperanza para detener su **inminente** ceguera, pues ella sufre la misma enfermedad y parece compartir su mismo destino.

FICHA TÉCNICA

DIRECTOR: Juan Antonio Bayona
GUIONISTA: Sergio G. Sánchez
REPARTO: Belén Rueda, Fernando Cayo, Géraldine Chaplin, Roger Príncep, Mabel Rivera
PAÍS: España
FECHA ESTRENO: 2007
SINOPSIS: Laura regresa con su familia al **orfanato** donde creció, con la intención de abrir una residencia para niños discapacitados. Allí, el pequeño Simón, hijo de Laura, comienza a dejarse llevar por unos extraños juegos con un amigo imaginario que generan en su madre gran inquietud, ya que dejarán de ser una simple diversión para convertirse en una **amenaza**. La desaparición de Simón obligará a Laura a bucear en el dramático pasado de esa casa llena de recuerdos y de extrañas presencias.

GLOSARIO

alquimista – *antiguamente, persona que trabajaba y conocía la alquimia (química)*
mecanismo – *parte de una máquina*
anticuario – *persona que compra y vende objetos antiguos*
conseguir – *tener*
ciego – *que no puede ver*
degenerativa – *que hace emporar y perder poco a poco las cualidades o facultades físicas o psíquicas de una persona*
inminente – *que puede apaecer o suceder en cualquier momento*
orfanato – *institución y edificio que recoge a niños cuyos padres han muerto o que no pueden hacerse cargo de ellos*
amenaza – *peligro*

2. ¿Cuál de las tres te parece que pertenece al cine de vampiros y cuál es un "thriller" psicológico? ¿Por qué?

Az 3. Une cada palabra con su significado (puede ayudarte el contexto). Luego, tradúcelas a tu lengua.

sinopsis	persona que dirige la filmación de la película	_____
guionista	actores de la película	_____
reparto	resumen del argumento	_____
director	fecha en que la película se pasa en un cine para todo el público	_____
estreno	persona que escribe la historia para que pueda ser filmada	_____

4. Haz una ficha y una sinopsis de una película de terror que te ha gustado mucho.

"DIRIGIR ES LO QUE MÁS ME GUSTA"

Entrevista con el director mexicano Guillermo del Toro en el Festival de Cine Fantástico de Sitges

» Nacido en Jalisco (México) en 1964, Guillermo del Toro lleva toda su vida dedicado al cine, **compaginando** su trabajo de director y guionista con su trabajo como **productor** o **artista de efectos especiales**. **Cineasta polivalente**, sus producciones no se han limitado a la cinematografía de su país, trabajando en la industria hollywoodiense, en películas como *Hellboy*, *Blade 2* o *Mimic*. En España, Guillermo del Toro **ha rodado** títulos como *El espinazo del diablo* o *El laberinto del fauno*.

¿Qué diferencia hay entre rodar en España, en México o EEUU?

La verdad es que se filma muy a gusto en España. Técnicamente no hay ninguna desventaja, humanamente, la verdad es que se vive mucho mejor en España que en casi cualquier otro lugar del mundo. Yo creo que México y España son lugares muy vivos, de manera muy diferente, pero lugares donde la gente come bien, se divierte bien, es todo muy vital. Rodar *El laberinto del fauno* en España, lo único que sí supuso fue empujar a todos los departamentos artísticos (decorados, maquillaje, vestuario...) al máximo.

Aunque eres muy conocido por tu labor tras la cámara, eres guionista, productor, trabajaste como artista de efectos especiales, incluso como actor...

Sí, bueno, esa última fue una cosa involuntaria (risas).

¿En cuál de estas disciplinas te sientes más a gusto?

Dirigiendo, sí. Me gusta producir porque mantienes la distancia con el producto. Pero dirigir es lo que más me gusta. Dirigir es más que un trabajo, es una forma de vida, es una cosa que te **nutre**, y te hace mejor.

Utilizas mucho las imágenes de insectos; aparecen prácticamente en toda tu filmografía. ¿Hay alguna razón especial para ello?

Me gustan, los insectos me parecen increíbles. Son criaturas biológica y mecánicamente perfectas, y de una gran frialdad. Me parecen muy bellos estéticamente pero muy terribles, como muy distantes, muy fríos... como alienígenas. «

GLOSARIO

compaginar – *combinar*
productor – *persona que aporta dinero para hacer una película*
artista de efectos especiales – *persona que trabaja para crear una ilusión visual gracias a la cual el espectador asiste a escenas que no pueden ser obtenidas por medios normales*
cineasta – *persona que trabaja en la industria del cine*
polivalente – *persona que puede hacer muchos trabajos distintos*
rodar – *filmar, grabar una película*
nutrir – *alimentar*

1. Después de leer la entrevista, responde las siguientes preguntas:

a. Con las informaciones del texto, rellena una ficha biográfica de Guillermo del Toro:

NOMBRE Y APELLIDO:	PELÍCULAS QUE HA DIRIGIDO:
LUGAR DE NACIMIENTO:	
AÑO DE NACIMIENTO:	
NACIONALIDAD:	
PROFESIÓN:	

b. ¿Por qué dicen que Guillermo del Toro es polivalente?
c. ¿Por qué le gustan a Guillermo del Toro los insectos?
d. ¿A ti te gustan los insectos?
e. ¿Hay algún director parecido en el cine de tu país?

Az 2. Marca en el texto todo el vocabulario relacionado con el cine. Busca su significado en tu lengua y haz un pequeño diccionario de términos cinematográficos. Puedes añadir los que hay en la actividad anterior.

3. Mira los tráilers en YouTube de la películas de Guillermo del Toro *El espinazo del diablo* y *El laberinto del fauno*, elige el que más te guste y redacta una ficha como las que hay en la página 96 con: el título, los nombres del director y el guionista, el reparto, la nacionalidad de la película, el año de su estreno y su sinopsis (5-6 líneas). Luego, cuenta en 2-3 líneas por qué razón has elegido hacer la sinopsis de esta película y no de la otra. ¿Por el tema, los personajes, la música...?

EL FESTIVAL DE SITGES

CD16 **1.** Escucha esta información sobre uno de los festivales de cine fantástico y de terror más importantes del mundo y marca la opción correcta:

¿Dónde está Sitges?	☐ En España	☐ En México
¿Cuándo fue fundado este festival?	☐ 1967	☐ 1977
El festival se celebra	☐ a finales de octubre	☐ a principios de octubre
En las últimas ediciones han asistido	☐ más de 5.000 espectadores	☐ más de 50.000 espectadores

¿Cuál es la dirección de la página web del festival de Sitges? _____

MUJERES DE CINE

1. ¿Qué nombres de directoras de cine conoces de todo el mundo? ¿En tu país hay muchas directoras de cine?

ICÍAR BOLLAÍN

NACIONALIDAD: _____

FILMOGRAFÍA

Hola, ¿estás sola? (1995)
Flores de otro mundo (1999)
_____
_____
_____
_____

ADEMÁS DE DIRECTORA DE CINE ES: _____
y _____

De su profesión dice que _____
_____
_____

OTRAS INFORMACIONES: _____
_____
_____

PATRICIA CARDOSO

NACIONALIDAD: _____

FILMOGRAFÍA

El corredor de los sueños (1989)
Cartas al niño Dios (1991)
El reino de los cielos (1994)
Las mujeres de verdad tienen curvas (2002)
Deep Blue Breath (2011)

ADEMÁS DE DIRECTORA DE CINE ES: arqueóloga y
_____

De su profesión dice que es directora porque siente la necesidad de contar historias y porque puede combinar todo lo que le gusta: escritura, música y teatro.

OTRAS INFORMACIONES: _____
_____

CLAUDIA LLOSA

NACIONALIDAD: _____

FILMOGRAFÍA

Madeinusa (2006)
La teta asustada (2008)

De su profesión dice que le gusta hacer películas para dar a conocer las tradiciones y las raíces culturales de su país.

OTRAS INFORMACIONES: _____
_____
_____

MARÍA NOVARO

NACIONALIDAD: mexicana

FILMOGRAFÍA

Lola (1989)
Danzón (1991)
El jardín del edén (1994)
Enredando sombras (1998)
Traducción simultánea (2006)
Las buenas hierbas (2008)
Sin miedo (2010)

De su profesión dice que _____
_____

OTRAS INFORMACIONES: _____
_____
_____

2. Lee las informaciones de este texto y rellena las que faltan en la ficha de la directora Icíar Bollaín.

Icíar Bollaín: "Me encanta contar historias"

En junio de 2011, la cineasta madrileña Icíar Bollaín acaba de terminar el rodaje de su última película: *Canción de amor en Katmandú*, basada en una historia de amor real entre un tibetano y una maestra catalana. Es su sexto largometraje, pues antes de este título ha dirigido *También la lluvia*, en 2010; *Mataharis*, en 2007; *Te doy mis ojos*, en 2003; *Flores de otro mundo* en 1995; y *Hola ¿estás sola?*, que fue el primero, en 1993. La relación de esta directora con el cine es muy larga. Empezó cuando tenía 15 años y debutó como actriz en la película *El sur* de Víctor Erice, a la que siguieron diversos papeles en más de veinte películas. Pero después de muchos años de estar delante de la cámara decidió dar el salto al otro lado de la cámara y empezar a dirigir.

En muchas de las entrevistas que le han hecho, Icíar Bollaín explica que decidió ser directora porque se dio cuenta de que podría contar las historias a su manera y a ella, contar historias le gusta mucho. Habla de su profesión con entusiasmo. Afirma que se siente afortunada de trabajar haciendo cine y que cuando termina una película ya está pensando en la próxima. La cineasta también ha dirigido varios cortometrajes, es guionista de algunas de sus películas y es también escritora.

Su cine es brillante, sensible y comprometido con los problemas humanos que ve a su alrededor. La directora siempre dice que el cine es su vida pero que prefiere la vida de verdad a cualquier película.

El sur (1983), Víctor Erice

Az 3. A. Encuentra en el texto sinónimos de:

lista de películas	_____
película	_____
directora	_____
empezó	_____

B. ¿Qué profesión está "delante de" la cámara y qué profesión está "detrás de la cámara"?

C. Completa el cuadro:

Español masculino	Español femenino	Tu lengua	Inglés
El director	La directora		
	La actriz		
	La guionista		
	La escritora		
	La cineasta		

CD17 **4.** Vas a escuchar un programa de radio sobre las otras tres directoras de cine. Con los datos que escuches debes rellenar las informaciones que faltan en sus fichas.

5. ¿Qué películas de todas las que aparecen en este capítulo te gustaría ver? ¿Por qué? Busca en internet información y algún fragmento de una de las películas que te gustaría ver. Resume el fragmento y explica si aún te gustaría ver la película o, por el contrario, lo que has visto no te gusta y ya no tienes ganas de verla.

CINE PARA CAMBIAR EL MUNDO

1. ¿Crees que el cine debe hablar de temas que preocupan al mundo? ¿Qué temas has visto? ¿En qué películas? Haz una lista.

2. ¿Qué problemas actuales crees que deben denunciarse en una película de ficción o documental?

El **documental** es cine realizado con materiales tomados de la realidad. No tiene actores ni argumento definido ni una trama como el cine de ficción. Cuenta hechos que han sucedido o que están sucediendo.

Az 3. Completa la tabla de abajo con las siguientes palabras:

contaminación   cambio climático   paro   falta de derechos

tortura   poco dinero a la sanidad pública   maltrato animal   pobreza

violencia contra los niños y niñas   refugiados   políticos   desigualdades sociales

secuestro   falta de lluvia   violencia contra las mujeres   humanos

trata de blancas   exilio   xenofobia   hambre   explotación infantil

ideas contrarias a los que mandan   discriminación   poco dinero a las escuelas públicas

sequía   desempleo   emigración   pena de muerte   salarios injustos

Ecología	
Violencia	
Contra la libertad de expresión	
Injusticias	
Racismo	
Recortes sociales	*desempleo, paro, poco dinero a las escuelas públicas*

4. ¿De que tipo son los documentos que hay en las dos páginas siguientes? Obsérvalos y rellena esta tabla:

Carteles de cine	*1,*
Titulares de prensa	
Noticias del periódico	
Gráficas sobre estadísticas	
Críticas de cine	

ESTRENO EL 20 DE OCTUBRE

EL BOLA

TESELA P/C PRESENTA
UNA PELÍCULA DE
ACHERO MAÑAS

1

El proceso de desecación del Mar de Aral es uno de los mayores desastres ecológicos de la historia. Entre 1954 y 1960, el Gobierno de la antigua URSS, con la intención de cultivar algodón en la región, ordenó la construcción de un canal de 500 km de longitud que tomaría un tercio del agua del río Amu Daria para una enorme extensión de tierra irrigada. La necesidad cada vez mayor de agua, **debida a** la mala gestión de su transporte y a la falta de previsión y eficiencia del **riego**, supuso tomar agua de más ríos que **desembocaban** en el Mar de Aral.

Por ello, en los años ochenta, el agua que llegaba a puerto era tan solo un 10% del **caudal** de 1960 y el Mar de Aral empezó un proceso de desecación. En consecuencia, el Mar de Aral ocupa actualmente la mitad de su superficie original y su volumen se ha visto reducido a una cuarta parte, el 95% de los embalses y humedales cercanos se han convertido en desiertos y más de 50 lagos de los deltas, con una superficie de 60.000 hectáreas, se han secado.

2

Una vida sin violencia es un derecho humano fundamental

Desde los hogares a las zonas de conflicto, la violencia debe cesar

La campaña de Amnistía Internacional: presionará para que se apliquen las leyes existentes que garantizan el acceso a la justicia y los servicios para las supervivientes de violación y otras formas de violencia sexual; **instará** a que se ponga fin a la violencia contra las mujeres a manos del Estado y sus agentes trabajará para dar capacitación a las mujeres.

3

Últimas noticias

Oct-05 12:16

Adultos mayores enfrentan dificultades por falta de empleos

El 91% de los adultos mayores refirieron serias dificultades para conseguir un empleo

4

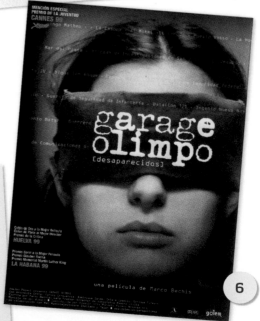

MENCIÓN ESPECIAL
PREMIO DE LA JUVENTUD
CANNES 99

garage olimpo
[desaparecidos]

HUELVA 99

LA HABANA 99

una película de Marco Bechis

6

Argentina: Crece el desempleo de Graduados

Según datos dados a conocer por la Fundación Grupo Innova, cerca de 55.000 graduados de universidades y terciarios, entre los 20 y 29 años de edad, no tienen empleo. El informe señala que la tasa de desempleo para universitarios y graduados de terciarios es de 11,75% y 12,93% respectivamente, lo que significa que esta tasa de desocupación creció un 90% respecto a la del año anterior, superando el de casi todos los países desarrollados.

5

El informe de Save the Children

TIPOS DE MALTRATO QUE SUFREN LOS NIÑOS
Pueden padecer más de un tipo a la vez

- 86%
- 35%
- 20%
- 3,5%

Físico — Emocional
Negligencias — Abuso sexual

QUIÉN ES EL AGRESOR

- Madre biológica 52%
- Padre biológico 36%
- Padre no biológico 4,5%
- Abuelo / abuela 3,4%
- Otros 4,6%

7

8

Tremenda. Increíblemente realista. Una película sobre uno de los dolores más grandes que quedaron **grabados a fuego** en nuestra historia. Impecablemente realizada bajo la óptica de un secuestrador que se enamora de su víctima y juega con ella **como si fuese** un juguete. La saca a pasear, la lleva a recorrer la cuidad y cuando regresan al Garaje Olimpo (que es el lugar donde la tiene encerrada) vuelve a torturarla como lo más normal del mundo. Me acordé que por esas épocas yo **transitaba** mi infancia y estaba ajena a lo que sucedía en la Argentina, pero recuerdo que se hablaba en voz bajita sobre que a Fulanito se lo llevaron o de aquel otro que lo están buscando. Me acuerdo de una amiga de mi madre que se había ido para España y yo pensaba que era cerca de Buenos Aires porque como hablábamos el mismo idioma no podía ser lejos. El final de la película es **atroz**, desde los aviones donde **arrojaban** a los moribundos y a los muertos y la música patria que hace más sórdida y dolorosa la escena. Para no olvidar nuestra historia.

Liliana

España
Repunte del paro: 68.000 nuevos parados

9

No más violencia contra las mujeres

A menudo **se hace caso omiso** a la violencia contra las mujeres y raramente se castiga. Las mujeres y las niñas sufren de manera desproporcionada la violencia: en la paz y en la guerra, a manos del Estado, de la comunidad y de la familia.

10

ARAL
EL MAR PERDIDO
UN DOCUMENTAL DE ISABEL COIXET
Narrador: Sir Ben Kingsley. Música: Tim Robbins, Federico Cendagorta, Five in Orbit. Producido por Miss Wasabi. Montaje: Arantxa Roca. Sonido: Aitor Berenguer y Gabriel Gutiérrez.

11

GLOSARIO

debido a – a causa de
riego – acción de aportar agua a los cultivos
desembocaban – van a parar, mueren en
caudal – cantidad de agua que tiene un río
instar a – pedir
grabados a fuego – siempre quedarán en la memoria
como si fuese – como
transitaba – pasaba
atroz – muy fuerte
arrojaban – lanzaban, tiraban
se hace caso omiso – no se le da ninguna importancia

5. ¿Con qué documentos crees que están relacionados los carteles de cine? Tienes que leer todos los detalles para encontrar pistas. Ojo: hay documentos que pueden no estar relacionados con ninguna película.

EL BOLA	
ARAL	
GARAGE OLIMPO	

CALOR, AMOR Y MÚSICA

1. Mira el cartel de la película. ¿Qué profesiones tienen sus protagonistas?¿Qué tipo de historia cuenta esta película? ¿En qué país/es se desarrolla la historia? Comprueba tus hipótesis leyendo el texto.

Los **Premios Goya** son unos premios que otorga de forma anual la *Academia de las Artes y las Ciencias Cinematográficas de España*, a los mejores profesionales en cada una de las distintas especialidades del sector.

(1)

"Chico & Rita" es una película de animación para público adulto dirigida por dos directores, el realizador español Fernando Trueba y Tono Errando, director de animación. Los dibujos son de Javier Mariscal. Los tres son unos enamorados de la música y la cultura cubanas. La banda sonora es del pianista cubano Bebo Valdés. El film ha recibido numerosos premios, entre ellos el Premio Goya al mejor largometraje de animación de 2011.

(2)

La película cuenta la apasionada historia de amor que empieza en La Habana, a finales de los años 40, entre un pianista y una cantante. Son los años que coinciden con la evolución del jazz. Su amor sufre una serie de **contratiempos** y, como en las historias sentimentales que narran los **boleros**, a lo largo de sus vidas se separarán y se volverán a encontrar tanto en Cuba como en Nueva York.

(3)

Para hacer esta película se ha necesitado un **presupuesto** de 10 millones de euros, más de cinco años y el trabajo de muchos equipos, cientos de personas, desde diferentes países: Cuba, Estados Unidos y España. La película se rodó en primer lugar con actores de verdad para poder darle un mayor realismo a las ilustraciones y dar movimiento a los personajes.

(4)

Ya hemos dicho que los directores y el dibujante son unos enamorados de la música cubana y no podía ser de otra manera: en esta película, la música tiene tanta importancia como los dos protagonistas. La música es un personaje más. La banda sonora se ha grabado con Bebo Valdés siempre al piano, al frente de varios grupos de músicos y cantantes que interpretan temas que van desde los boleros de finales de los años 40 hasta un hip hop actual.

La historia de **Chico & Rita** está recogida también en un **cómic**. Suele ser habitual que de un cómic se haga una película pero no al revés. En este caso, el film ha sido realizado antes que el cómic y esto es algo poco usual en el mundo de la animación.

GLOSARIO

contratiempo – *suceso inoportuno que impide la realización de algún proyecto*
bolero – *canción melódica, lenta, de tema amoroso*
presupuesto – *cantidad estimada de dinero que se necesita para hacer un proyecto, en este caso, una película*
cómic – *libro que narra historias con tiras de dibujos*

2. Coloca cada título de párrafo en su lugar. Cuidado, sobran dos.

- 1. Chico & Rita
- 2. Dibujos animados
- 3. Cuba y Nueva York
- 4. Cómo se hizo
- 5. La música
- 6. Una historia de amor como un bolero

Az **3.** Encuentra en el texto frases que expresen lo mismo:

a. A Fernando Trueba, Javier Mariscal y Tono Errando les gustan mucho la música y la cultura cubanas.

b. Chico y Rita se alejarán y rencontrarán varias veces.

c. La película ha costado 10 millones de euros.

d. El pianista Bebo Valdés es el responsable de la música del largómetraje.

4. Entra en la página web de la película (http://chicoandrita.com), lee la información y responde a las preguntas.

a. Completa la frase: **El amor es** _____

b. ¿Qué informaciones nuevas tienes ahora sobre la película? _____

c. ¿Qué te gusta de esta página web? _____

d. ¿Qué no te gusta? _____

MARISCAL

1. Busca en Internet datos sobre los otros dos directores y el responsable musical de la película *Chico & Rita* (Tono Errando, Fernando Trueba y Bebo Valdés) y redacta una pequeña biografía de cada uno, siguiendo el modelo de la biografía de Javier Mariscal.

Javier Errando Mariscal (Valencia, 1950): polifacético diseñador español

En su larga trayectoria profesional ha sido creador de logotipos y mascotas (las más famosas: COBi, para los JJOO de Barcelona o Twpsy, la mascota de la Expo 2000 de Hannover). También ha diseñado muebles, hoteles, tiendas, estampaciones de telas y campañas publicitarias. En el año 2010, con su hermano Tono Errando y el director cinematográfico Fernando Trueba crearon la película de animación *Chico & Rita*, nominada al Oscar 2012.

PARA HABLAR DE

CLASES DE PELÍCULAS
de acción, de miedo, de terror, thriller, de denuncia social, documental

_____

_____

PERSONAS
director, productor, guionista, maquillador, operador de cámara, director de fotografía, espectador

_____

_____

PROCESO DE UNA PELÍCULA
guión, rodaje, banda sonora, montaje

_____

_____

OBJETOS
película, largometraje, film/filme, cámara, micrófono, claqueta

_____

_____

VERBOS
dibujar, rodar, dirigir, producir, montar

_____

_____

DVD

1. Observa cómo se hizo la película _También la lluvia_ y responde a las siguientes preguntas:

a. ¿Quién dirige la película?
b. ¿Quién es quién en la película?

Costa	indígena que trabaja de actor
Sebastián	productor
Daniel	director

2. ¿De qué género crees que es?

| Cine de acción | Cine de terror | Cine de denuncia | Cine de animación |

3. En el documento se menciona que en la película _También la lluvia_ se van a mezclar dos luchas que no pasaron al mismo tiempo, ¿cuáles son?

a. La guerrilla del Che Guevara
b. La resistencia a la privatización del agua
c. La resistencia indígena a la conquista de Colón
d. La guerra contra Estados Unidos

4. ¿Te gustaría ver esta película? ¿Por qué?

TAREA FINAL

Con los conocimientos que ahora tienes sobre cine, elige una de estas actividades y desarróllala.
Luego la presentarás en clase.

1. Elige uno de los problemas que has enumerado en el ejercicio 1 de la actividad "Cine para cambiar
el mundo" y redacta un pequeño esquema para hacer un documental sobre él. Para ello, te pueden
ayudar las siguientes pautas:

- tema elegido
- objetivo del documental de denuncia
- título
- lugar o lugares en los que que vas a filmar
- a quién vas a entrevistar
- música

2. Vas a programar una semana de cine en español para tu escuela. Para ello deberás:

- Seleccionar (documentándote viendo los tráilers por internet) las películas que vas a programar,
teniendo en cuenta que sean de tipología variada y de distintos países de habla hispana.
- Confeccionar una programación siguiendo el criterio que hayas decidido (temático, por países,
por géneros...).
- Escribir el programa con los carteles y la sinopsis de las películas y alguna información para
animar a los alumnos a ir a verlas.
- Redactar un folleto informativo justificando la "Semana del Cine en Español", a quién se dirige y
qué tipo de películas van a ver.

NO TE LO PIERDAS

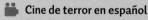 **Cine de terror en español**
Tesis (1996), Alejandro Amenábar
La noche de los girasoles (2006), Jorge Sánchez-Cabezudo
Al final del espectro (2006), Juan Felipe Orozco
Rec (2007), Jaume Balagueró y Paco Plaza

Cine de denuncia en español
La vendedora de rosas (1998), Víctor Gaviria
Los lunes al sol (2001), Fernando León de Aranoa
María llena eres de gracia (2003), Joshua Marston
Te doy mis ojos (2003), Icíar Bollaín
Machuca (2004), Andrés Wood

Cine de animación en español
Vampiros en La Habana (1995), Juan Padrón
Arrugas (2011), Ignacio Ferreras

Cine de comedia en español
La comunidad (2000), Álex de la Iglesia
Y tu mamá también (2001), Alfonso Cuarón
El hijo de la novia (2001), Juan José Campanella
Whisky (2003), Pablo Stoll y Pablo Rebella
Volver (2006), Pedro Almodóvar
Juan de los Muertos (2011), Alejandro Brugués

Cine de drama en español
Profundo carmesí (1996), Arturo Ripstein
Lucía y el sexo (2000), Julio Médem
Mar adentro (2004), Alejandro Amenábar
Amores perros (2000,) Alejandro González Iñárritu
Arráncame la vida (2008), Roberto Sneider
XXY (2007), Lucía Puenzo
El secreto de sus ojos (2009), Juan José Campanella

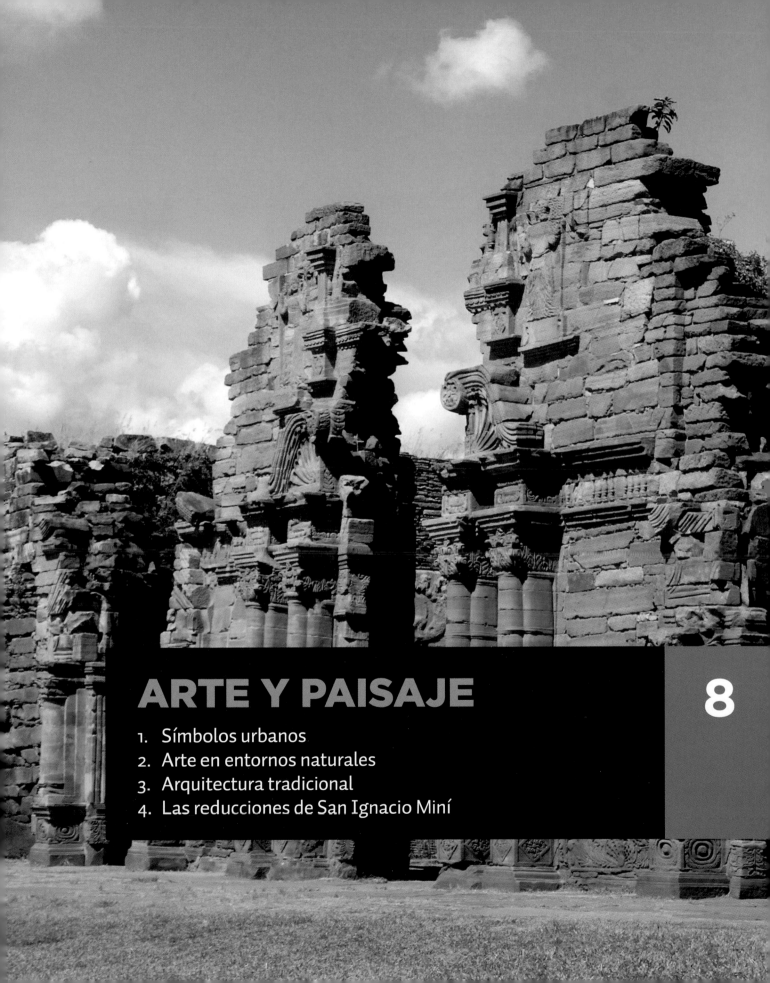

ARTE Y PAISAJE

8

ICONOS DE 9 CIUDADES

1. Mira las fotografías. ¿Sabes en qué países se encuentran estos símbolos urbanos? Intenta situarlos en el mapa.

2. Ahora, lee las descripciones de cada uno de ellos y apunta el número de la foto que le corresponde.

Los ascensores de Valparaíso ☐
Más de 20 ascensores (el primero se construyó en 1883) sirven para **desplazarse** a la parte alta de la ciudad de Valparaíso (Chile). Tienen distintos colores y formas, y algunos de ellos son considerados Monumentos Históricos.

La torre de Hércules ☐
Este antiguo faro romano, del siglo II d.C., es uno de los iconos de la ciudad de A Coruña (España). Dice una **leyenda** que Hércules **enterró** en ese lugar la cabeza del gigante Gerión, y luego fundó la ciudad de A Coruña.

La virgen de Quito ☐
Esta gran escultura de la Virgen construida en 1976 es un icono de la ciudad de Quito (Ecuador). Se encuentra en la parte más alta del Panecillo, un monte de 3000 metros de altura, desde el que se ve toda la ciudad.

Iglesia de Monserrate ☐
Esta iglesia, situada en el **cerro** Monserrate, es uno de los símbolos de la ciudad de Bogotá (Colombia) porque es, desde hace siglos, un lugar de peregrinación. Además, es un mirador desde donde se ve la ciudad.

El obelisco ☐
Es el icono de la ciudad de Buenos Aires (capital de Argentina) y se construyó en 1936, 400 años después de la fundación de la ciudad. En cada lado del obelisco se recuerda un hecho histórico de la ciudad.

La Puerta de Alcalá ☐
Es uno de los símbolos de Madrid (España) junto con la Puerta del Sol. La Puerta de Alcalá es una de las antiguas puertas de entrada a la ciudad. Se construyó en 1788, imitando la forma de un arco de triunfo romano.

La Giraldilla ☐
Esta estatua se ha convertido en uno de los iconos de La Habana (capital de Cuba). Se encuentra en el Castillo de la Real Fuerza, y representa a un personaje histórico y legendario, doña Isabel de Bobadilla, que fue **gobernadora** de Cuba.

El monumento a la independencia o El ángel ☐
Es un símbolo de la Ciudad de México (México). El ángel es una columna con una estatua de la Victoria con alas, que simboliza la Independencia de México de España. Se inauguró en 1910, cien años después de la independencia.

La playa de La Concha ☐
Es el símbolo de la ciudad de San Sebastián (España). Tiene más de un kilómetro y su forma es parecida a la de una **concha**. En los dos extremos de la **bahía** hay esculturas de dos artistas vascos: El peine de los vientos, de Chillida y Construcción vacía, de Oteiza.

GLOSARIO

desplazarse – *moverse de un lugar a otro*
leyenda – *historia que explica el origen de algo y que mezcla elementos ficticios e históricos*
enterrar – *poner un cuerpo muerto bajo tierra*
cerro – *pequeña montaña*
gobernadora – *mujer que dirige un país*
concha – *cubierta de las almejas, las ostras y otros mariscos*
bahía – *entrada del mar en la costa*

3. ¿Cuál es el símbolo de tu ciudad? ¿A cuál de los que aparecen en el libro se parece más?

Copacabana es el símbolo de mi ciudad. Se parece a la Concha porque es una playa y porque tiene una forma parecida.

Az **4. A.** Traduce a tu lengua las siguientes palabras que aparecen en el texto. Luego, busca un ejemplo en tu país de dos de ellas.

monumento   torre   estatua   escultura   arco   puerta

obelisco   castillo   columna   faro   iglesia

B. ¿En qué otras lenguas conoces estas palabras?

5. ¿De qué ciudad son símbolo estos edificios o monumentos? Averígualo en internet y escribe en tu cuaderno un texto similar a los de la página anterior de dos de ellos.

Torre Entel _____   La Giralda _____

Palacio Salvo _____   La Alhambra _____

Ciudad de las Artes y las Ciencias _____   La Rotonda _____

6. Propón un nuevo símbolo para tu ciudad. Justifícalo.

¿SABÍAS QUE...

...la puerta de Alcalá es muy famosa entre los españoles gracias a una canción que cuenta su historia y cuyo estribillo dice "Mírala, mírala, mírala, mírala, la Puerta de Alcalá"?

...según la leyenda, Isabel de Bobadilla esperó durante años a su marido (el capitán general de Cuba en el siglo XVI, que se había marchado a Florida) y cada día pasaba horas mirando el mar en el Castillo de la Real Fuerza para ver si regresaba?

...la Virgen de Quito también se llama la Virgen del Apocalipsis porque tiene alas?

...el cerro de Monserrate debe su nombre a la virgen de Montserrat, en Cataluña?

"ES UNA SUERTE TRABAJAR EN UN EDIFICIO TAN SIMBÓLICO"

CD18

1. Vas a escuchar una entrevista con un ingeniero que trabaja en la Torre Agbar, en Barcelona. Contesta a estas preguntas sobre el edificio:

a. ¿En qué año se inauguró la Torre Agbar? _____

b. ¿Cuántas plantas tiene? _____

c. ¿De qué color son las plantas? ¿Por qué? _____

d. ¿En qué dos elementos de la naturaleza se inspira la arquitectura de la torre? _____

e. ¿Qué partes de la torre son especialmente originales? _____

2. Añade dos preguntas que harías a este ingeniero sobre la Torre Agbar.

UN RECUERDO DE...

1. ¿A cuál de las ciudades que han aparecido antes crees que se refiere esta postal? ¿Por qué? ¿Qué otro símbolo se menciona?

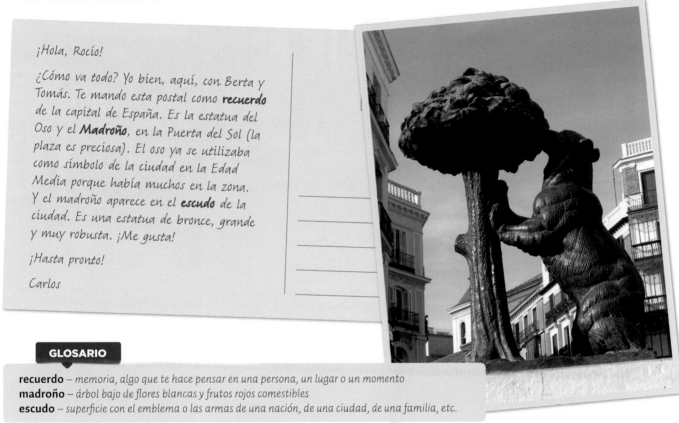

¡Hola, Rocío!

¿Cómo va todo? Yo bien, aquí, con Berta y Tomás. Te mando esta postal como **recuerdo** de la capital de España. Es la estatua del Oso y el **Madroño**, en la Puerta del Sol (la plaza es preciosa). El oso ya se utilizaba como símbolo de la ciudad en la Edad Media porque había muchos en la zona. Y el madroño aparece en el **escudo** de la ciudad. Es una estatua de bronce, grande y muy robusta. ¡Me gusta!

¡Hasta pronto!

Carlos

GLOSARIO

recuerdo – memoria, algo que te hace pensar en una persona, un lugar o un momento
madroño – árbol bajo de flores blancas y frutos rojos comestibles
escudo – superficie con el emblema o las armas de una nación, de una ciudad, de una familia, etc.

2. En la postal aparecen algunos adjetivos para describir monumentos o estatuas. ¿Cuáles son sus sinónimos y antónimos?

fuerte   bonita   pequeño   fea   débil   enorme

Palabras del texto	Sinónimos	Antónimos
preciosa		
grande		
robusta		

3. Escribe una postal de tu ciudad a un amigo hispanohablante o a alguien de tu clase.

TRES LUGARES CON ENCANTO

El Jardín de Cactus

El Jardín de Cactus es una obra realizada en 1991 por el artista canario César Manrique. Está situado en la isla de Lanzarote (Canarias, España) y tiene más de 10.000 ejemplares de cactus de Canarias, América y Madagascar. Lo original de este jardín es que se construyó en una antigua **cantera** de **extracción** de **ceniza** volcánica. Tiene forma de anfiteatro y los cactus están en los diferentes niveles de las terrazas.

Dónde está: en Lanzarote (Canarias, España. Entre Guatiza y Mala).
Visita: se puede visitar de 10 a 18 h.
Alrededores: en la isla, se pueden visitar otras obras de Manrique, como Jameos de agua o el Mirador del río.

Bosque de Oma

El Bosque Pintado o Bosque de Oma es obra del pintor y escultor Agustín Ibarrola. Ibarrola pintó los **troncos** de los árboles con imágenes (formas geométricas, figuras humanas, partes del cuerpo) que solo se pueden ver desde lugares específicos, que están **señalados** en el suelo. Cuando el visitante se encuentra en esos puntos señalados, las pinturas de dos o más troncos se unen, **dando lugar** a una imagen diferente.

Dónde está: en Kortezubi (País Vasco, España).
Visitas: solo se puede llegar al **bosque** a pie. Hay que caminar 7,4 kilómetros, entre la ida y la vuelta al punto de partida (Kortezubi).
Alrededores: se puede visitar la cueva de Santimañe.

Xilitla, Las Pozas

Aquí, en medio de la **selva**, se encuentra el jardín arquitectónico y escultórico surrealista que empezó a construir el artista millonario Edward James en 1962. Es un lugar único. Con una extensión de unos 320.000 metros cuadrados, parece una ciudad encantada, que combina elementos naturales y arquitectónicos. Columnas, escaleras y arcos se **mezclan** con la vegetación exuberante de la selva y **dan al visitante la impresión** de estar en un lugar fantástico.

Dónde está: en Xilitla (estado de San Luis Potosí, México), a unos 65 km. de Ciudad Valles y a 7 horas en coche desde México D.F.
Visita: el horario de visita es de 9 a 18 h.
Alrededores: se puede visitar el pueblo de Xilitla y, un poco más lejos, el exconvento de San Agustín de Quétaro, del siglo XVIII.

GLOSARIO

cantera – *lugar de donde se saca algún material de construcción como granito, marmol...*
extracción – *acción de sacar algo de un lugar*
ceniza – *polvo gris que queda después de quemar algo*
tronco – *parte de un árbol, generalmente de color marrón, de la que salen las ramas*
señalados – *marcados*
dar lugar – *crear*
bosque – *conjunto de árboles*
selva – *bosque tropical*
mezclarse – *unirse, juntarse*
dan al visitante la impresión de – *al visitante le parece que*

Az **1.** ¿Cuál de estas obras artísticas te interesa más? ¿Por qué? Puedes tener en cuenta los siguientes criterios:

formas   colores   situación   antigüedad   originalidad   parecido con otras obras

2. Relaciona las informaciones siguientes con cada obra.

Jardín de Cactus

Xilitla, Las Pozas

Bosque de Oma

realizado por César Manrique

obra surrealista

pinturas en troncos de árboles

en Lanzarote

en el País Vasco

en México

Az **3.** Las siguientes palabras aparecen en los textos. ¿Cuáles de ellas relacionas con la naturaleza y cuáles con el arte? Tradúcelas a tu lengua.

obra   jardín   pintor   cactus   tronco   bosque   camino   escultor   figuras geométricas

Naturaleza _____

Arte _____

4. Escribe en Google "Bosque de Oma". En la página de internet www.bizcaia.net tienes una lista de todas las imágenes que se ven en este bosque. Elige la que más te gusta, descríbela y explica por qué te gusta.

5. ¿Conoces algo parecido en tu país o en otro que hayas visitado? Busca fotos y escribe un folleto similar a los del texto. No te olvides de dar la información básica: dónde está, qué es, quién lo ha realizado, cómo llegar...

115

BIOGRAFÍAS DE ARTISTAS

CD19

1. Vas a escuchar las biografías de César Manrique y Edward James. ¿A cuál de los dos se refieren las siguientes informaciones?

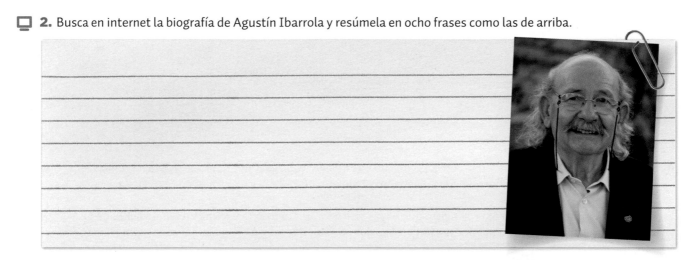

	pintor, escultor y arquitecto español
	vivió en México
	vivió en Nueva York
	poeta y escultor escocés
	escribió poemas
	murió en 1992
	conoció a los surrealistas españoles Dalí y Buñuel
	tenía una gran fortuna
	quería convertir Lanzarote en uno de los lugares más hermosos del mundo

1. César Manrique

2. Edward James

2. Busca en internet la biografía de Agustín Ibarrola y resúmela en ocho frases como las de arriba.

3. Escribe la biografía de un artista conocido que te guste y grábate leyéndola. También puedes leerla en voz alta al resto de la clase sin decir de quién se trata y ellos tendrán que averiguarlo. Gana el primero que lo adivine.

LA CASA MAYA TRADICIONAL

La casa maya tradicional de la península de Yucatán, México

Tiene forma **ovalada**, su estructura es de madera y está cubierta con barro y hojas de **guano**, materiales de la región. A veces, cuando el guano cubre la puerta, hay que **agacharse** para entrar. La casa maya suele tener dos puertas en los dos lados de la parte central de la casa y dos ventanas en la parte alta, bajo el techo, para que entre el viento. Ese es el lugar donde se **guardan** los alimentos porque es el lugar más fresco. Este tipo de casa protege muy bien del calor y la humedad que hay en la región. Antiguamente, cuando una pareja se casaba, toda la comunidad les construía la casa (es una tradición que se conoce con el nombre de *xula*).

GLOSARIO

ovalada – *con forma de huevo*
guano – *hojas secas de un tipo de palmera*
agacharse – *moverse hacia abajo, inclinando el cuerpo*
guardar – *poner en lugar protegido*

¿SABÍAS QUE...

...en la actualidad existen muchas etnias que han heredado la cultura maya y que viven en el área geográfica de El Salvador, Honduras, Guatemala y el Sur de México (la Península de Yucatán, Chiapas y Tabasco)?

ARQUITECTURA TRADICIONAL

1. ¿Te gusta la casa maya tradicional? Anota las cosas que más te gusten. ¿Hay algo que no te guste? Anótalo también.

ME GUSTA:

NO ME GUSTA:

Az **2. A.** Clasifica estas palabras del texto.

barro   guano   puerta   madera   ventana   techo

Partes de la casa:

Materiales de construcción:

B. Coloca estas palabras en la foto de la casa maya.

3. Busca una foto de una casa tradicional de tu país y redacta una descripción parecida a la del texto.

4. Busca en internet fotos de las casas y construcciones tradicionales que hay en el cuadro de abajo.

OTRAS CASAS Y CONSTRUCCIONES TRADICIONALES

⌘ **Caserío vasco** (País Vasco, España)
Masía catalana (Cataluña, España)
Barraca valenciana (Valencia, España)
Patio andaluz (Andalucía, España)
Casa de estilo colonial en Cartagena de Indias (Colombia)
Palafitos de la costa atlántica nicaragüense (Nicaragua)
Molinos de viento en La Mancha (La Mancha, España)
Conventillos (en Argentina, Uruguay, Bolivia)

CASAS MAYAS PARA EL TURISMO

1. ¿De qué tipo de página web crees que es este anuncio? ¿Una página de un periódico, de una empresa turística o de un estudio de arquitectura? ¿Por qué? Léelo y comprueba tu respuesta.

Servicios y tours

Tu visita incluye hospedaje y una comida maya hecha en casa.

El visitante tiene dos opciones:

El centro de turismo responsable de Muchucuxcah, que se encuentra a 200 metros de la comunidad. Cuenta con ocho cabañas construidas de manera tradicional. Cada **cabaña** tiene electricidad, ventilador de techo, hamacas y si lo requieren camas. Podemos **acomodar** entre 25 y 30 visitantes. Todas las instalaciones se encuentran dentro de una hectárea de terreno que fue donada por la comunidad para este **fin**. La seguridad de los visitantes es de extrema importancia, por lo cual en todo momento están presentes dos guardias asignados por la cooperativa.

La comunidad de Chan Chimilá, que se encuentra a 10 km de Muchucuxcah. En este poblado tienes la oportunidad de quedarte directamente en las casas con la familia maya, dormir en hamaca y comer platillos tradicionales o internacionales. La gente es hospitalaria y está contenta de recibir a los visitantes. Podrás conocer la forma de vida diaria de la familia maya e incorporarte en algunas de sus actividades.

Muchucuxcah y Chan Chimilá proveen oportunidades para establecer contacto con la población local, observar cómo se **tejen** las hamacas, cómo se **talla** la madera y cómo se hacen las tortillas; participar en eventos ceremoniales o aprender lo básico del idioma maya. Los visitantes pueden conocer la gran riqueza cultural y natural a pie o en bicicleta.

GLOSARIO

hospedaje – *alojamiento, lugar donde podemos dormir cuando estamos fuera de casa*
cabaña – *casa pequeña, hecha con materiales básicos como madera, ramas...*
acomodar – *preparar el lugar, colocar*
fin – *objetivo*
tejer – *construir con hilos una tela*
tallar – *cortar la madera para dar una forma concreta*

2. ¿Verdadero o falso?

a. En Muchucuxcah puedes dormir con una familia maya. V ☐ F ☐

b. En Muchucuxcah el turista puede dormir en camas, si lo desea. V ☐ F ☐

c. Solo en Chan Chimilá puedes aprender algo de la lengua maya. V ☐ F ☐

d. En ambos poblados puedes aprender a hacer tortillas y ver cómo se tejen las hamacas. V ☐ F ☐

3. ¿Cuál de las dos opciones propuestas preferirías? ¿Por qué? ¿Qué actividades de las mencionadas en el anuncio te gustaría hacer?

LAS HUELLAS DE UN ANTIGUO POBLADO

1. ¿Sabes qué es un "misionero"? ¿Y las "misiones"? ¿Con qué tema crees que tienen que ver estas palabras?

Economía	Religión	Ejército	Gobierno

2. Ahora, lee los textos para comprobarlo.

¿Qué son las reducciones?

Durante los siglos XVI y XVII, los jesuitas fueron a Argentina, Brasil y Paraguay con el objetivo de predicar el cristianismo entre la población de allí, los guaraníes. Construyeron poblados llamados reducciones donde vivieron guaraníes y jesuitas durante más de cien años. La original historia y forma de vida de estas comunidades ha hecho que la UNESCO las declarara Patrimonio de la Humanidad. De todas ellas, San Ignacio Miní es la que mejor se ha conservado. Se encuentra en Argentina, en la provincia de Misiones, a 2 horas de las cataratas de Iguazú.

Los **jesuitas** son religiosos católicos que pertenecen a la Compañía de Jesús. Esta orden religiosa fue fundada por Ignacio de Loyola (del País Vasco, España) en 1534.

Historia de San Ignacio Miní

1611: misioneros jesuitas fundan las reducciones.

1632: las reducciones se trasladan a Paranaimá.

1696: se **trasladan** de nuevo, esta vez al lugar donde están en la actualidad, cerca del río Paraná. Se les pone el nombre de San Ignacio Miní.

1767: expulsión de los jesuitas de los **dominios** españoles. Se cierran las reducciones.

1817: las tropas paraguayas **queman** y **saquean** las reducciones.

1940: reconstrucción de las reducciones.

1984: la UNESCO declara Patrimonio de la Humanidad a las reducciones jesuitas (San Ignacio Miní, Santa Ana, Nuestra Señora de Loreto y Santa María la Mayor, en Argentina, y San Miguel de las Misiones, en Brasil).

GLOSARIO

trasladar — *cambiar de lugar*
dominios — *territorios*
quemar — *destruir con fuego*
saquear — *entrar en un lugar, destrozarlo todo y llevarse las cosas*

Arquitectura de San Ignacio Miní

Como todas las reducciones jesuíticas, San Ignacio Miní tenía una gran plaza central, con forma rectangular y suelo de tierra color rojizo. A su alrededor se encontraban los edificios más importantes de la ciudad: la iglesia de los jesuitas, la escuela, el edificio del cabildo (la autoridad de los guaraníes) y los **talleres** donde se producían alimentos y objetos utilizados por la comunidad. Alrededor de la plaza se encontraban las casas de los guaraníes. El estilo arquitectónico de estos edificios es una mezcla entre el **barroco** típico de la **arquitectura colonial** y la arquitectura tradicional guaraní.

Los **guaraníes** son indígenas que viven en Paraguay, sur y suroeste de Brasil, noreste de Argentina y sureste de Bolivia. El guaraní es la lengua oficial de Paraguay, junto con el español.

GLOSARIO

taller – lugar donde se trabaja, normalmente de forma manual
barroco – estilo arquitectónico característico del siglo XVII, muy ornamental
arquitectura colonial – arquitectura de la época en que los países de América Latina eran colonias

3. ¿Puedes escribir en tres líneas qué son las reducciones jesuíticas?

4. Busca en los textos cinco palabras que se refieran a partes o edificios de una ciudad.

5. ¿Por qué se cerraron las reducciones? ¿Qué ocurrió? Busca en internet más información sobre este asunto.

RECOMENDACIÓN

Si quieres ver cómo eran las reducciones, mira la película británica *La misión* (1986), de Roland Joffé, que narra la historia de un antiguo cazador de indios español que se hace jesuita y vive en las reducciones del Paraguay. Verás cómo era la vida en estas comunidades y por qué las quisieron hacer desaparecer. Jeremy Irons y Robert de Niro hacen el papel de los dos jesuitas protagonistas de la película.

Fotograma de *La misión* (1986), de Roland Joffé

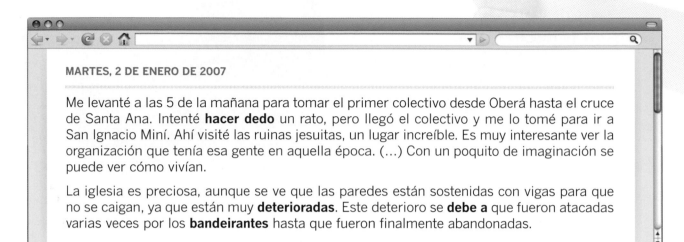

RELATOS DE VIAJE

MARTES, 2 DE ENERO DE 2007

Me levanté a las 5 de la mañana para tomar el primer colectivo desde Oberá hasta el cruce de Santa Ana. Intenté **hacer dedo** un rato, pero llegó el colectivo y me lo tomé para ir a San Ignacio Miní. Ahí visité las ruinas jesuitas, un lugar increíble. Es muy interesante ver la organización que tenía esa gente en aquella época. (…) Con un poquito de imaginación se puede ver cómo vivían.

La iglesia es preciosa, aunque se ve que las paredes están sostenidas con vigas para que no se caigan, ya que están muy **deterioradas**. Este deterioro se **debe a** que fueron atacadas varias veces por los **bandeirantes** hasta que fueron finalmente abandonadas.

Miércoles, 6 de abril, 2005

La entrada a las Ruinas cuesta 40 pesos por persona. Sacamos las entradas y **aprovechamos** para preguntar por las de la noche. Nos informaron de que las ponían en venta a las 19 h, y de que el show comenzaba a las 20 h. (…) Vale aclarar que con la misma entrada de una de las ruinas tenés 15 días para entrar en las otras totalmente gratis.

GLOSARIO

hacer dedo – hacer autostop, esperar en la carretera a que un coche pare y te lleve a un lugar gratis
deteriorado – en mal estado
deberse a – estar causado por
bandeirantes – hombres que atacaban a los indígenas para hacerlos esclavos. Es una palabra que viene del portugués
aprovechar – utilizar bien el momento

1. Anota dos cosas nuevas que has aprendido sobre las reducciones de San Ignacio Miní.

2. Contesta las siguientes preguntas:

a. ¿Qué palabra usamos para referirnos al billete que nos permite entrar en un edificio para visitarlo? ¿Qué verbo aparece junto a la palabra? ¿En cuál de los dos relatos aparece?

b. ¿Cómo se llama en Argentina un autobús? ¿En cuál de los dos relatos aparece la palabra?

3. Piensa en el último viaje que has hecho. Cuenta a un compañero qué visitaste.

PARA HABLAR DE

PERSONAS
arquitecto, pintor, escultor
_____
_____

LUGARES
bosque, jardín, ciudad
_____
_____

PARTES DE EDIFICIOS
suelo, ventana, puerta
_____
_____

OBJETOS ARTÍSTICOS
obra, pintura, escultura,
edificio, castillo, iglesia,
torre, monumento
_____
_____

VERBOS
construir, realizar
_____
_____

DVD

1. Vas a ver un vídeo sobre una zona de la ciudad de Madrid. Míralo sin voz y anota qué ves (tipo de edificios, calles, plazas, etc.).

2. Ahora vuelve a mirar el vídeo con voz. Marca con una cruz lo que aparece en él:

- ☐ Puerta de Europa
- ☐ Museo Reina Sofía
- ☐ Complejo de Azca
- ☐ Paseo de la Castellana
- ☐ Torre Picasso
- ☐ Puerta de Alcalá
- ☐ Casa de la panadería
- ☐ Santiago Bernabéu
- ☐ Torres Blancas

3. Relaciona las siguientes informaciones con algunos de los lugares en el ejercicio anterior:

a. Dos torres inclinadas de 120 metros de altura y 123 plantas: _____
b. Estadio de fútbol del Real Madrid: _____
c. Edificio más alto de Madrid (150 metros de altura): _____
d. Concentración de rascacielos que es el espacio financiero y administrativo de Madrid: _____
e. Los rascacielos están al lado de este eje: _____

4. ¿En tu ciudad hay barrios de rascacielos o edificios modernos? ¿Cómo son? ¿Te parece que quedan bien al lado de edificios más bajos y más antiguos?

TAREA FINAL

Con los conocimientos que ahora tienes sobre arte y paisaje, elige una de estas actividades y desarróllala. Luego la presentarás en clase.

1. Vas a hacer un blog de viaje. Cuenta un viaje que hayas hecho y describe algún edificio u objeto artístico que hayas visto. Ilústralo con fotografías.

- Piensa en un viaje que hayas hecho a una ciudad o país extranjero.
- Busca fotografías de algún edificio u objeto artístico que viste allí.
- Redacta un texto contando tu viaje.

2. Vas a hacer un póster sobre un edificio Patrimonio de la Humanidad en un país de habla hispana.

- Busca en la página de la UNESCO (http://whc.unesco.org/en/list) un edificio o conjunto arquitectónico que te guste.
- Realiza un eje cronológico con las fechas más importantes de su historia.
- Si es oportuno, escribe la biografía de su arquitecto o de algún artista que haya trabajado en él.
- Elige algunas fotografías del edificio y escribe una descripción para cada una de ellas.

15 LUGARES QUE DEBES VISITAR

⌘ La Alhambra (Granada, España)
Conjunto arqueológico romano de Mérida (España)
Catedral de Burgos (España)
Construcciones de Gaudí (Barcelona, España)
Centro Histórico de Oaxaca (México)
Ruinas de Palenque (México)
Ruina de Tikal (Guatemala)
Catedral de León (Nicaragua)
Ciudad vieja de La Habana (Cuba)
Ciudad de Potosí (Bolivia)
Conjunto monumental de Cartagena de Indias (Colombia)
Cuzco (Perú)
Ruinas de Machu Picchu (Perú)
Centro Histórico de Quito (Ecuador)
Ciudad Maya de Copán (Honduras)

PINTURA Y FOTOGRAFÍA

9

NOMBRES DE MUSEOS

1. A. ¿Conoces algún museo de pintura de un país de habla hispana? ¿Cuál? ¿Qué tipo de obras hay?

B. Mira las imágenes de los cuadros y descríbelas. ¿Los conoces? Lee los textos y, después, escribe los nombres de los cuadros, de qué pintor son y en qué museo están.

_____

_____

_____

_____   _____

_____

El Prado

DÓNDE ESTÁ: Madrid (España)
PRECIO DE LA ENTRADA GENERAL: 12 euros.
HORARIOS DE VISITA: De 9 a 20 h, de martes a domingos.
COLECCIÓN PERMANENTE: Además de escultura, artes decorativas, dibujos y **grabados**, este museo tiene una colección de pintura desde el siglo XI al siglo XIX. Hay obras muy importantes de pintores españoles, como *El Greco*, *José Ribera*, *Zurbarán* o *Murillo*. Pero sobre todo hay muchas obras de Velázquez y de Goya, dos de los pintores españoles más **influyentes**. También hay obras de pintores internacionales. Algunos de los cuadros más famosos son *Las Meninas* (de Velázquez), *La familia de Carlos IV* y *La maja desnuda* (de Goya).
PÁGINA WEB: www.museodelprado.es

MUNAL (Museo Nacional de Arte)

DÓNDE ESTÁ: México, D.F. (México)
PRECIO DE LA ENTRADA GENERAL: 33$ y hay un 50% de descuento para estudiantes, maestros y personas mayores de 65 años. Los domingos la entrada es libre.
HORARIOS DE VISITA: De martes a domingo, de 10:30 a 17:30 h.
COLECCIÓN PERMANENTE: En este museo se pueden ver pinturas mexicanas del siglo XVI a la primera mitad del siglo XX y muestra la llegada de la pintura europea a México y su evolución en la época colonial, la creación de la nación mexicana y su modernización. Además de su colección permanente, el museo **cuenta con** salas para exposiciones temporales, tanto de pintura como de fotografía.
PÁGINA WEB: www.munal.com.mx

Museo Sorolla

Dónde está: Madrid (España)

Precio de la entrada general: 3 euros.

Horarios de visita: De 9:30 a 20 h, de martes a sábado, y de 10 a 15 h los domingos y festivos.

Colección permanente: El museo muestra objetos de Sorolla y muchas de sus obras pictóricas. Algunas de las obras más conocidas son *El baño del caballo* (1909) y *Paseo a orillas del mar* (1909).

Página web: http://museosorolla.mcu.es/

Museo Botero

Dónde está: Bogotá (Colombia)

Precio de la entrada general: La entrada es gratuita.

Horarios de visita: De lunes a sábado, de las 9 a las 19 h. Está cerrado los martes. Los domingos y festivos está abierto de 10 a 17 h.

Colección permanente: Es una colección que **donó** Fernando Botero en el año 2000. Hay obras de pintores conocidos, como Dalí, Chagall, Corot, Picasso, Miró o Giacometti, pero también hay 123 obras de Botero, el pintor y escultor colombiano. Algunas de las más conocidas son *Pareja bailando* (1987) o *Monalisa* (1977).

Página web: www.banrepcultural.org/museo-botero

MACCSI (Museo de Arte Contemporáneo de Caracas Sofía Imber)

Dónde está: Caracas (Venezuela)

Precio de la entrada general: La entrada es gratuita.

Horarios de visita: De 9 a 19 h, de lunes a sábado. De 9 a 17 h, domingo y feriados.

Colección permanente: En este museo hay obras de artistas venezolanos y extranjeros de la segunda mitad del siglo xx. La colección cuenta con pinturas, esculturas, fotografía y arte gráfico. Algunas obras de pintores conocidos internacionalmente están allí: *La lección de ski* (1966), de Joan Miró, o *El Carnaval nocturno* (1963), de Chagall.

Página web: http://www.fmn.gob.ve/fmn_mac.htm

MAMBA (Museo de Arte Moderno de Buenos Aires)

Dónde está: Buenos Aires (Argentina)

Precio de la entrada general: 1$, pero el martes es gratis.

Horarios de visita: De 12 a 19 h, de lunes a viernes. De 11 a 20 h los sábados, los domingos y los días feriados.

Colección permanente: Tiene obras de arte argentino desde 1920 hasta la actualidad. No solo hay obras de pintura, sino también de fotografía y de diseño gráfico. Además de artistas argentinos, como Pettoruti, hay obras de pintores internacionales, como Picasso, Miró, Matisse o Kandinsky.

Página web: www.museodeartemoderno.buenosaires.gob.ar

GLOSARIO

grabado – *técnica artística para imprimir con tinta a partir de un molde original*
influyentes – *que tiene un efecto sobre los demás, que es un ejemplo a seguir*
contar con – *tener*
donar – *dar, regalar*

En algunos países de América latina la entrada se llama "boleto".

Az **2.** Contesta a estas preguntas sobre el vocabulario de los textos.

a. ¿Cómo se llama el papel que te dan para entrar en un museo? _____

b. ¿Qué expresión usamos para referirnos a las obras que siempre están en un museo? _____

c. ¿Qué tipos de obras artísticas aparecen en el texto? _____

d. ¿Qué dos palabras significan "días en los que no trabajamos"? _____

3. A. Escribe al lado de cada información el nombre de los museos (o del museo) a los que se refiere.

El Prado   MUNAL   Museo Sorolla   Museo Botero   MACCSI   MAMBA

a. La colección tiene sobre todo obras de un artista:

b. La colección no tiene obras de artistas del siglo xx:

c. Está cerrado los lunes:

d. La colección también tiene obras fotográficas:

e. Hay obras realizadas desde el año 1950:

B. Teniendo en cuenta todas estas informaciones, ¿qué museo te gustaría visitar? ¿Por qué?

4. Busca información en internet y explica en clase qué has encontrado (elige una opción)...

a. sobre uno de los pintores citados.
b. sobre las exposiciones temporales que hay en alguno de los museos citados.

5. Escribe una ficha similar sobre un museo de tu país o sobre algún museo recomendado en la sección *No te lo pierdas* (pág. 140).

CULTURA DE MUSEOS

1. Lee esta encuesta sobre los hábitos culturales de los españoles. ¿Te parece que van poco o mucho a museos? ¿Por qué? Compáralo con la gente que conoces en tu país o en otros lugares.

Encuesta sobre hábitos culturales

Según la encuesta de "Hábitos y prácticas culturales en España" en el año 2010-2011, un 30,6% de los españoles ha visitado algún museo en el último año. De los que visitaron algún museo, el 49,4% compró una entrada a precio normal, mientras que el 36,2% tuvo la entrada gratuita. La mayoría visitó un museo de España y solo el 15,2% visitó un museo de otro país de la Unión Europea. Además, los museos más visitados son los de arte. Más del 40% fue a un museo de arte la última vez.

CD20

2. Ahora escucha lo que dicen algunas personas encuestadas. ¿Qué museos mencionan de los que aparecen en las imágenes?

☐ MAC de Santiago   ☐ Fundació Miró

☐ Museo Botero   ☐ Reina Sofía

3. Vuelve a escuchar y completa la ficha.

	Jorge	Elisa	Rocío
¿Te gusta ir a museos o exposiciones? ¿De qué tipo?			
¿Qué museo o exposición visitaste la última vez? ¿Te gustó?			
¿Hay algún museo de tu ciudad o de tu país que te guste especialmente? ¿Por qué?			

4. ¿Y tú qué contestarías a cada una de esas preguntas? Háblalo con un compañero.

EL MUSEO PICASSO DE BARCELONA

1. A. ¿Qué tipo de tareas crees que puede hacer una persona que trabaja en un museo? Anótalas.

B. Lee la respuesta a la primera pregunta de la entrevista para saber qué hace la entrevistada. Luego lee el resto de la entrevista.

Museo Picasso de Barcelona

C. B. lleva un tiempo trabajando en el museo Picasso de Barcelona. Con ella, hemos querido conocer un poco mejor la obra expuesta en este museo, que abrió sus puertas al público en el año 1963 y cuenta con una colección de más de 3500 obras del artista **malagueño**.

¿En qué consiste tu trabajo?
Mi trabajo consiste en coordinar el equipo de atención al público que trabaja en el museo, un equipo que **consta** aproximadamente de 90 personas. Además planificamos estrategias de gestión para **compaginar** todas las actividades que tienen lugar en el espacio del museo y los visitantes.

¿Qué obras destacadas de Picasso hay en este museo? ¿Por qué son importantes?
Cuando Picasso fue mayor donó a la ciudad de Barcelona el conjunto de obras que se exponen hoy (¡y las que no se enseñan!). El museo es muy importante porque es la colección de las obras de juventud de Picasso. En el museo no se encuentran los cuadros más famosos del artista, porque en su juventud su trabajo era académico (todas estas obras son muy desconocidas). Las obras más **destacadas** son Margot, la Nana o la serie de las Meninas, que donó la familia al museo.

¿Se realizan muchas visitas? ¿Qué tipo de gente visita el museo?
El museo recibe más de un millón de visitantes al año. La mayoría son turistas que están de vacaciones en Barcelona. Durante el curso también nos visitan muchos niños que vienen con sus escuelas.

¿Crees que los extranjeros se interesan por el arte español? ¿Cuál es la visión de Picasso en el extranjero?
Picasso es una marca conocida a nivel mundial. Es un artista que hizo más de 40.000 obras, muchas de ellas de un gran valor. La mayoría de museos importantes del mundo **presumen de** tener algún Picasso en su colección. Los extranjeros se interesan por el arte en general, creo que cada vez la gente tiene más acceso mediante internet para preparar sus visitas al museo y la gente que nos visita viene más preparada.

¿Qué obra del museo es tu preferida? ¿Por qué?
Mi obra preferida es *Las Meninas*. Picasso era como una **esponja** que **se impregnaba** de todo lo que veía, lo rehacía intentando superar al artista que él admiraba. Picasso realizó su propia interpretación del cuadro de Velázquez, en blanco y negro y de gran tamaño. El cuadro es de 1957, muy posterior al contexto temporal del museo, pero la sala en la que está ubicado lo magnifica.

GLOSARIO

malagueño – *de Málaga, ciudad española*
constar de – *tener*
compaginar – *combinar, poner en buen orden*
destacado – *relevante, que tiene importancia*
presumir de – *gustar decir que*
esponja – *objeto que absorbe el agua. Metafóricamente, alguien que aprende muy rápidamente de los demás*
impregnar – *dejarse influir*

RECOMENDACIÓN

📖 Si deseas saber más cosas sobre Picasso, puedes leer el libro **Picasso, las mujeres de un genio**, de L. Corpa (Difusión), dirigido a estudiantes de español con un nivel A2.

¿SABÍAS QUE...

...en el mundo hay unos cuantos museos Picasso? El Museo Picasso de Barcelona, El Museo Picasso de Málaga, el Museo Picasso de París y el Museo Picasso – colección Eugenio Arias (Madrid).

2. Con la información de la entrevista, escribe unas líneas para presentar el museo: qué tipo de obras se exponen y qué tipo de gente lo visita.

_____

_____

_____

_____

_____

3. Busca en internet la obra de Picasso *Las Meninas* y compárala con el cuadro de Velázquez. Anota algunas diferencias usando los comparativos.

La obra de Picasso es más conceptual que la de Velázquez.

4. Entra en la página web del Museo Picasso de Barcelona (www.museupicasso.bcn.es) y mira los cuadros de la colección. ¿Cuál te gusta más? ¿Por qué?

ARCO, UNA FERIA DE ARTE

1. ¿Qué crees que es una feria de arte? Lee el texto y comprueba tus hipótesis. Después, escribe qué se hace en una feria de arte.

Un gran mercado, pero no solo eso

ARCO es una feria internacional de arte contemporáneo que se celebra todos los años en Madrid, desde 1982. Durante algunos días, **galerías** de países distintos exponen obras plásticas (pintura, fotografía, escultura, artes gráficas, etc.) de artistas y reciben la visita de directores de museos, coleccionistas privados, **comisarios de exposiciones**, **inversores**, aficionados al arte y otros galeristas. En cada edición de ARCO, un país es el invitado y sus galerías tienen una representación especial en la feria. También cada vez tienen más presencia las galerías de arte que exponen obras de artistas latinoamericanos.

ARCO es un gran mercado, ya que se venden y se compran obras de arte, pero también es un lugar para hacer contactos e intercambiar ideas sobre el arte, porque se organizan **tertulias** entre profesionales del mundo del arte. Además, cada año la Asociación Española de Críticos de Arte (AECA) da premios a los mejores artistas y a las mejores galerías.

Ester Partegàs, que lleva exponiendo en esta feria desde 2002, dice que ARCO "sirve como un mapa visual y también como un termómetro que mide la temperatura del arte actual". Opina que exponer en ARCO es muy útil para un artista, porque "en solo cuatro o cinco días miles de personas pueden ver tu trabajo. Exponer en la feria te da mucha visibilidad y te coloca en el panorama del arte contemporáneo."

ARCO es sin duda la feria de arte más importante de España y cada vez es más conocida en el extranjero: en el año 2011, expusieron sus obras 197 galerías, de las cuales 122 eran extranjeras. La feria recibió unos 150.000 visitantes.

GLOSARIO

galería – *tienda donde se exponen y se venden obras de arte*
comisario de exposiciones – *persona que decide cómo se va a hacer una exposición*
inversor – *persona que aporta dinero a un negocio esperando un beneficio*
tertulia – *reunión donde la gente habla sobre un tema*

Az **2.** Vuelve a leer el texto y subraya las profesiones dedicadas al arte.

3. Lee la descripción de la obra que Ester Partegàs va a exponer en ARCO. Intenta dibujar lo que visualizas. Luego visita su página web (www.esterpartegas.com) y mira la obra y las que aparecen. ¿Te parece interesante su obra?

www.esterpartegas.com

Lo que tú eres, también es el mundo

Lo que tú eres, también es el mundo (2007) es una obra que consta de tres fotografías expuestas en una pequeña sala. En cada una de ellas se ve una bolsa de plástico negra y llena de **basura**. Una imagen que en escala real debe corresponder a unos 50 cm, yo la **amplío** a casi dos metros por metro y medio. El primer impacto es ver cómo un objeto tan común y tan **despreciable** toma esas medidas y por lo tanto esa importancia. Después, el espectador se acerca y confronta, a la escala de su propio cuerpo, una imagen demasiado familiar, de algo asociado a los **desechos** y a la muerte, algo que directamente habla de nuestra parte oscura física y emocional.

Ester Partegàs

Ester Partegàs es una artista nacida en La Garriga (Barcelona). Vive en Nueva York desde 1998 y es profesora en la Virginia Commonwealth University School of the Arts. Expone en ARCO desde 2002. Ha expuesto fotografías, pintura, dibujos y escultura.

GLOSARIO

basura – *lugar donde tiramos los restos de comidas y objetos que ya no necesitamos*
ampliar – *hacer más grande*
despreciable – *algo sucio, feo, a lo que no damos valor*
desechos – *residuos, restos, basura*

4. Ve a la página web de ARCO (www.ifema.es/ferias/arco/default.html) e investiga qué artistas fueron premiados en las últimas ediciones. Escribe el nombre, por lo menos, de dos artistas españoles y cuatro latinoamericanos. ¿Te gusta su obra?

DOS FOTÓGRAFOS DE SU GENTE

1. A. Mira las fotografías. ¿Sabes qué representan?

B. Lee los textos de los dos fotógrafos y decide qué fotografías pertenecen a cada uno de ellos.

"Mi gente habla a través de mis fotografías"

Martín Chambi Jiménez (1891 – 1973)

Este fotógrafo indígena nació en Coaza, en el distrito de Carabaya (Perú), a finales del siglo XIX, y aprendió fotografía en la ciudad de Arequipa, con el fotógrafo Max Vargas. Es conocido por los retratos que hizo de la gente de la región de los Andes, de los paisajes naturales y ciudades de Perú y especialmente de los **restos arqueológicos** de la ciudad de Cuzco, que se descubrieron en 1911. A Martín Chambi le gustaba mucho Cuzco, tanto que vivió allí con su familia desde 1920. Martín Chambi Jiménez es un fotógrafo conocido internacionalmente. Prueba de ello son las exposiciones que se han hecho de su obra en distintos lugares del mundo. Una de las más **decisivas** fue la que se hizo en el MOMA (Museum of Modern Art), en Nueva York, en 1979.

"Mi trabajo fotográfico está hecho todo desde una óptica periodística"

Colita (1940)

Colita es el nombre artístico de Isabel Steva Hernández, una fotógrafa nacida en Barcelona (España) en el año 1940. Es conocida por haber fotografiado a artistas e intelectuales de los años 60 y 70, como el cantautor Serrat o los escritores Alberti, Mario Vargas Llosa o el cineasta Orson Welles. Colita fotografía momentos de la vida, ya que en la calle pasa de todo. Por eso, ha hecho muchas fotografías de Barcelona y sus habitantes, desde los años 60 hasta la actualidad, en las que muestra sus tradiciones y formas de vida. Además, tiene muchas fotos sobre el mundo del flamenco (al que se aficionó gracias a su amistad con la bailaora Carmen Amaya), sobre animales y sobre la obra del arquitecto Gaudí en Barcelona.

GLOSARIO

restos arqueológicos – *lo que queda de una ciudad o edificio del pasado*
decisivo – *que tuvo importantes consecuencias*

Az **2.** ¿Qué se puede fotografiar? Busca en el texto seis palabras. Después, añade más palabras de cosas que se pueden fotografiar.

3. Busca en internet mas fotografías de ambos artistas. ¿Cuál te gusta más? ¿Por qué?

FOTOGRAFÍA DE GUERRA

1. Mira las fotografías. ¿A qué guerra crees que corresponde cada una de ellas?

Segunda Guerra Mundial (1940 – 1945)   Guerra Civil española (1936 – 1939)   Guerra de Vietnam (1964 – 1975)

2. Lee la siguiente noticia de una exposición fotográfica. ¿Qué guerras se mencionan?

Fotografía de guerra: un clásico que nunca pasa de moda

La muestra fotográfica que comienza hoy en el Círculo de Bellas Artes, reúne obras **inéditas** de Robert Capa y Gerda Taro. Desde hoy y hasta el próximo cinco de septiembre, en la sala Goya del Círculo de Bellas Artes, se podrá contemplar la exposición *Gerda Taro/This Is War! Robert Capa at Work*, una doble muestra que reúne obras clásicas y algunas inéditas del mítico periodista gráfico y de su pareja, la hasta hace poco desconocida Gerda Taro. Las más de 250 imágenes hacen un **repaso** por algunas de las peores tragedias que **azotaron** Europa y Asia en el siglo XX, como la Guerra Civil española, la Segunda Guerra Mundial o el conflicto chino-japonés. Como novedad, se presentan casi un centenar de fotografías que realizó Gerda Taro durante la Guerra Civil española.

GLOSARIO

inédito – *que no se ha publicado o expuesto todavía*
repaso – *revisión*
azotar – *afectar, producir desgracias*

3. A. Busca en internet la siguiente información:

    a. ¿Qué es el Círculo de Bellas Artes y dónde está?
    b. ¿Quién era Gerda Taro? ¿Por qué ha sido desconocida hasta hace poco?
    c. ¿Quién era Robert Capa? ¿De dónde viene ese nombre?

B. Con la información que has conseguido, escribe un texto (como los de la página anterior) sobre uno de los dos fotógrafos.

UNA EXPOSICIÓN DE PINTURA

1. A. Estos son algunos cuadros de una exposición sobre la historia en la pintura. Míralos y describelos. ¿Qué ocurre en cada uno de ellos? Puede que necesites usar alguna de estas palabras:

lanzas   disparos   fusiles   soldados   guerra   lucha   ejército   militar   ejecución

a) *Los fusilamientos del 3 de mayo*, **Goya**
1814 / Óleo sobre tela / 266 x 345 cm
Museo del Prado, Madrid

b) *El garrote vil*, **Ramon Casas**
1894 / Óleo sobre lienzo / 127 x 162,5 cm
Museo Nacional de Arte Reina Sofía, Madrid

c) *La rendición de Breda*, **Velázquez**
1634 / Óleo sobre lienzo / 307 x 367 cm
Museo del Prado, Madrid

e) *Del porfirismo a la revolución*, **Siqueiros**
1957 – 1960 /Mural de acrílico y piroxilina sobre
madera forrada con tela / Sala Siqueiros, en el Museo
Nacional de Historia, Ciudad de México

f) *Rendición de Sevilla*, **Zurbarán**
1634 / Óleo sobre lienzo / 160 x 208 cm
Colección del Duque de Westminster, Londres

d) *La muerte de Pablo Escobar*, **Botero**
1999 / Óleo sobre tela / 58 x 38 cm
Museo de Antioquia, Medellín

g) *El Guernica*, **Picasso**
1937 / Óleo sobre lienzo / 777cm x 349 cm
Museo Nacional Centro de Arte Reina Sofía, Madrid

B. Los cuadros hacen referencia a acontecimientos históricos. Lee los textos en los que se habla de esos acontecimientos y relaciónalos con los cuadros.

1. **Hace alusión** al bombardeo de Guernica, una ciudad del País Vasco (España) en 1937. Aviones alemanes bombardearon la ciudad durante la Guerra Civil española.

2. **Hace referencia** a una ejecución que hubo en Barcelona en 1893. Ese método para matar a los condenados a pena de muerte existió en España de 1820 a 1978.

3. Se refiere a la lucha de los españoles contra el ejército de Napoleón, a principios del siglo XIX. El 2 de mayo de 1808 hubo una **rebelión** popular contra los franceses y así empezó la Guerra de la Independencia, que duró hasta 1814.

4. El cuadro retrata la muerte de un **capo** del narcotráfico en Colombia. Después de **fugarse** de la **cárcel**, la policía lo persiguió y lo mató en un barrio de Medellín, en el año 1993.

6. El cuadro hace referencia a la conquista de Sevilla en 1274, que pertenecía a los árabes. Se ve cómo Fernando III recibe las llaves de la ciudad.

5. Ilustra la revolución mexicana, que empezó en 1910 con el objetivo de **derrocar** al dictador Porfirio Díaz. En una parte del mural se ve al dictador rodeado de sus **partidarios** y de mujeres que bailan. En otra parte se ve al ejército, en el que se encuentran algunos militares conocidos de la revolución.

7. En este cuadro se retrata la victoria de los españoles sobre la ciudad de Breda (en los Países Bajos), en el año 1625.

GLOSARIO

hacer alusión a / hacer referencia a – *hablar de, tratar de*
rebelión – *lucha contra el poder establecido*
capo – *jefe de una mafia*
fugarse – *irse, escaparse*
cárcel – *prisión, lugar en el que está la gente que ha cometido delitos*
derrocar – *vencer, intentar acabar con*
partidarios – *gente que está de acuerdo con él*

2. Fíjate ahora en los cuadros. ¿Cuál te gusta más? Explícalo haciendo referencia a algunos de estos criterios:

color   originalidad   mensaje   forma   tema   expresión   época

3. ¿Conoces otros cuadros que representen acontecimientos históricos? ¿Cuáles? ¿Cómo son? Escribe un pequeño texto describiéndolo/s.

COMENTARIO DE UN CUADRO

CD21

1. Escucha con atención el comentario del cuadro *Los fusilamientos del 3 de mayo*, de esta audioguía. Luego, decide cuáles de estas afirmaciones son verdaderas o falsas:

a. Vemos la ejecución de un grupo de prisioneros que se rebelaron contra los franceses. V ☐ F ☐

b. Se rebelaron el día 3 de mayo y los fusilamientos fueron el mismo día. V ☐ F ☐

c. Los prisioneros aparecen despersonalizados. V ☐ F ☐

d. El personaje de la camisa blanca es el foco del cuadro. V ☐ F ☐

e. Este cuadro anticipa la abstracción. V ☐ F ☐

f. Es un tema universal. V ☐ F ☐

g. Los fusilamientos fueron en Madrid, en la montaña del príncipe Pío. V ☐ F ☐

Az 2. Vuelve a escuchar la grabación y marca qué palabras oyes. Luego, tradúcelas a tu lengua.

tema histórico   soldados   matanza   detenidos   tristeza

rebelión   guerra   ejecución   prisioneros   horrorizados

escopeta   crueldad   dramatismo   violencia   ejército

3. Resume en unas líneas la información más importante de la audioguía.

¿SABÍAS QUE...

...el cuadro Los fusilamientos del 3 de mayo sirvió de inspiración para otros cuadros de otros pintores, como El fusilamiento de Maximiliano, de Manet, y La masacre de Corea, de Picasso?

_____

_____

_____

_____

_____

4. Prepara una audioguía para uno de los cuadros del apartado anterior. Busca la información en internet.

PARA HABLAR DE

LUGARES
museo, exposición, feria de arte, galería, taller
_____
_____

PERSONAS
pintor, comisario, fotógrafo, artista, inversor, aficionado
_____
_____

VERBOS
pintar, fotografiar, exponer, representar, donar, visitar, inaugurar
_____
_____

OBRAS
cuadro, pintura, fotografía, grabado, colección permanente, colección temporal
_____
_____

DVD

1. ¿Conoces la parábola de los panes y los peces? Busca información y resúmela en unas líneas.

2. A. Busca en el diccionario las siguientes palabras y expresiones:"ascensor", "palma de la mano", "pincel", "agujero", "dar golpes", "pala", "difuminar".

B. Vas a ver algunas etapas de la creación de la obra. Ordena el proceso que sigue Barceló.

a. Se mueve con la ayuda de un ascensor ☐

b. Hace agujeros con una pala ☐

c. Hace marcas con las palmas de sus manos ☐

d. Pinta con un pincel y difumina con agua ☐

e. Pinta con una bolsa de plástico ☐

f. Por detrás da golpes para hacer formas ☐

3. ¿Te gusta la obra? ¿Qué te sugiere? ¿Por qué?

- El fondo del mar.
- Es como una fantasía infantil.
- Es como el taller del artista, es como la creación del mundo.
- Es como un bodegón, con los panes, los peces…

139

TAREA FINAL

Con los conocimientos que ahora tienes sobre pintura y fotografía, elige una de estas actividades y desarróllala. Luego la presentarás en clase.

1. En grupos, vais a hacer una exposición de fotografías del lugar en el que vivís.

- Decidid qué aspecto de la ciudad os interesa: la gente, los edificios, los animales, algunos objetos particulares, las manifestaciones, etc.
- Salid a la calle y haced fotos.
- Elegid las más buenas, ordenadlas y escribid un pie de fotografía para cada una de ellas.
- Exponedlas en la clase.

2. En grupos, vais a hacer un blog sobre la obra de un pintor (puede ser de vuestro país).

- Elegid el pintor y buscad imágenes de sus cuadros.
- Escribid una pequeña biografía del pintor.
- Comentad en unas líneas las obras elegidas (qué representan, a qué hacen referencia).
- Elegid una de las obras y haced un pequeño comentario sobre ella.
- Entrad en los blogs de los compañeros y comentadlos.

CUADROS QUE HAN PASADO A LA HISTORIA

⌘ *El hombre de la mano en el pecho*, El Greco
El entierro del conde Orgaz, El Greco
Las Meninas, Velázquez
Las hilanderas, Velázquez
La Venus del espejo, Velázquez
Las tres edades, Velázquez
La maja desnuda, Goya
La familia de Carlos IV, Goya
Niños en la playa, Sorolla
Paseo a orillas del mar, Sorolla
Valle de México, José María Velasco
Las señoritas de Aviñón, Picasso
El Guernica, Picasso
El gran masturbador, Dalí
Erupción del Paricutín, Dr. Atl
Amazona malabarista, María Izquierdo
Retrato de mujer, Diego Rivera
La trinchera, José Clemente Orozco
Nueva democracia, Alfaro Siqueiros
Las dos Fridas, Frida Kahlo
El día y la noche, Rufino Tamayo
La Monalisa, Botero
El baño, Botero
Serie "Las manos", Osvaldo Guayasamín
Exploración de las fuentes del río Orinoco, Remedios Varo

PINTORES ACTUALES

⌘ Antonio López (España)
Miquel Barceló (España)
Eduardo Naranjo (España)
Juan Genovés (España)
León Ferrari (Argentina)
Francisco Espinoza Dueñas (Perú)
José Luis Cuevas (México)
Rafael Cauduro (México)
Botero (Colombia)

MUSEOS HISPANOS

⌘ Museo Reina Sofía, Madrid (España)
Museo Thyssen-Bornemisza, Madrid (España)
MNAC, Barcelona (España)
Museo Picasso, Málaga (España)
MNBA, Santiago de Chile (Chile)
Museo Frida Kahlo, Ciudad de México (México)
Museo Soumaya, Ciudad de México (México)
Museo Torres García, Montevideo (Uruguay)
Museo Franz Mayer, Ciudad de México (México)
Museo de Bellas Artes de Sevilla (España)
Museo Dalí, Figueres (España)
Museo Guayasamín (Ecuador)
Museo Guggenheim Bilbao (España)
Museo de Arte Moderno de Bogotá (Colombia)

CELEBRACIONES, FIESTAS Y RITOS

10

1. Celebraciones
2. Fiestas patronales
3. Rituales de vida y muerte
4. Fiestas de independencia

LA FIESTA DE QUINCE AÑOS

1. Observa esta foto. ¿Qué crees que se celebra?

a. El final de curso en el colegio
b. La mayoría de edad
c. El paso de niña a mujer

2. Lee esta página del diario de Paola Gisela y ordena las fotos según lo que cuenta.

Querido Diario:

Ayer fue un día maravilloso porque celebré mis quince años con toda mi familia y mis amigos. Por la mañana hice muchísimas cosas. Mi mamá y yo fuimos a la peluquería donde nos peinaron y nos maquillaron. Después regresamos a casa para terminar de **arreglarnos**. Mi vestido era muy bonito: de color blanco y muy ancho, como de princesa de cuento de hadas. Poco antes de las siete de la noche llegamos a la iglesia. Todos estaban ahí: mi familia, mis amigos, mis **damas de honor** y mis **chambelanes**. Fue una misa muy bonita y después me saqué unas fotos en un estudio de fotografía. A las diez llegué al salón y cuando entré todos empezaron a aplaudir y **brindamos** juntos. Después hicimos una ceremonia en la que mi **madrina** me regaló mi último juguete y me dio mis primeros zapatos de **tacón**. Fue tan bonito que empecé a llorar de emoción. Mi papá dio un discurso sobre mi paso de niña a mujer y, al terminar, se acercó a mí y me sacó a bailar mi primer vals.

Luego bailé otro vals y dos coreografías con mis damas y mis chambelanes. Nos salieron superbién porque ensayamos muchísimo los últimos meses. Al terminar, un grupo musical empezó a tocar y la gente salió a bailar a la pista. Después de la cena partimos el pastel y después me dieron los regalos. Luego seguimos bailando hasta las tres. A esa hora llegaron los mariachis y tocaron varias canciones tradicionales que hablan sobre las mujeres y una que habla de los quince años.

Bueno, te dejo porque tengo que bajar a abrir mis regalos. ¡Qué emoción!

Paola Gisela

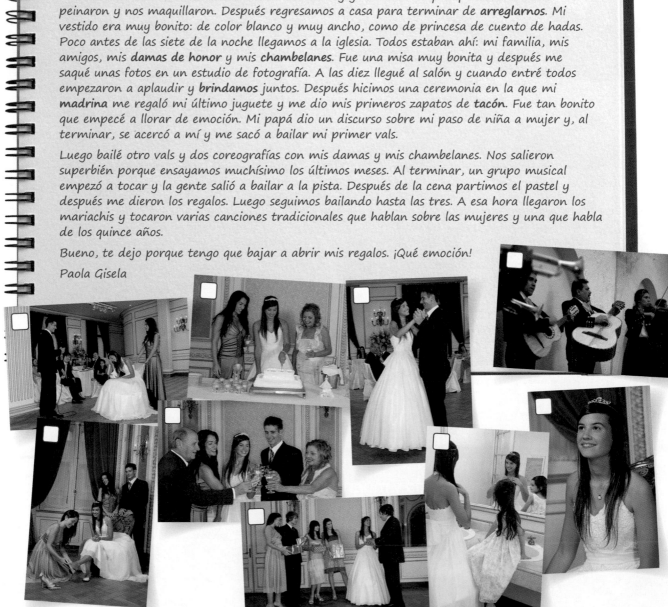

GLOSARIO

arreglarse – *vestirse, peinarse y maquillarse*
damas de honor / chambelanes– *personas que acompañan en el cortejo a la chica que va a recibir algún sacramento, honor, etc.*
brindar – *manifestar buenos deseos antes de beber vino u otro licor en compañía*
madrina –*mujer que presenta y acompaña a otra persona que va a recibir algún sacramento, honor, etc.*
tacón – *pieza de mayor o menor altura pegada a la suela del zapato en la zona del talón*

¿SABÍAS QUE...

...la fiesta de quince años tiene su origen en los rituales de iniciación que se hacían en el siglo XIX en Europa para presentar a las jóvenes aristócratas en sociedad? Las clases altas latinoamericanas adoptaron esta costumbre rápidamente y con el tiempo se extendió a toda la sociedad. Esta celebración ha ido cambiando y ahora muchas chicas prefieren un viaje o inluso un coche como regalo.

3. Responde las siguientes preguntas de acuerdo con el texto:

a. ¿Cuántas partes tiene la celebración? Subráyalas.
b. ¿Qué partes de la fiesta representan el cambio de edad?
c. ¿Qué palabras sugieren que ha habido mucha preparación para la fiesta?
d. ¿Qué personas participan en la celebración?
e. ¿Hay alguna celebración parecida en tu país? ¿A qué edad se hace? ¿Cómo es la fiesta?

4. Busca en YouTube dos vídeos de fiestas de quince años. Obsérvalos y completa una ficha para cada vídeo.

VIDEO 1

El lugar...

La decoración del lugar...

La ropa que llevan...

Se escucha música...

VIDEO 2

El lugar...

La decoración del lugar...

La ropa que llevan...

Se escucha música...

5. ¿Cuál ha sido la mejor fiesta de cumpleaños de tu vida? Descríbela como lo hace Paola, dando información sobre el lugar, la gente, la música, etc. Puedes escribirlo en tu cuaderno o hablarlo con un compañero.

10.1

CELEBRACIONES

LAS BODAS

1. A. ¿Sabes lo que significa "boda"? ¿Cómo se dice en tu lengua?

Az **B.** Con la ayuda del diccionario, haz una lista de cinco palabras relacionadas con una boda.

C. Lee el siguiente texto y comprueba cuáles de ellas aparecen.

En el mundo hispano, el matrimonio o boda es uno de los principales eventos sociales y en él se formaliza la relación **afectiva**, social y legal de dos personas. Estas celebraciones suelen ser muy religiosas, especialmente católicas, pero muchas parejas deciden celebrar solamente el matrimonio civil. Los rituales matrimoniales cambian de país en país, sin embargo, hay algunos elementos comunes como los anillos y las **arras**, en la **ceremonia** religiosa, y el vino espumoso, el vals, el **ramo** y la tarta nupcial, en la fiesta. Normalmente, solo la novia puede ir vestida de color blanco, el cual representa la pureza del matrimonio.

GLOSARIO

afectiva – *sentimental, amorosa*
arras – *conjunto de monedas que se usa en la ceremonia religiosa y que simbolizan el compromiso*
ceremonia – *serie de actos públicos que se hacen siguiendo reglas marcadas por la ley o por costumbre*
ramo – *conjunto de flores*

CD22 **2. A.** Vas a escuchar a dos mujeres que nos hablan de cómo fueron sus bodas. Escucha una vez y anota las palabras que no conozcas. Pregunta a tu profesor o mira en el diccionario el significado.

B. Ahora, vuelve a escuchar y completa el cuadro de abajo. Después, puedes compararlo con el de un compañero antes de corregirlo con el resto de la clase.

	Carolina Pardillos (Zaragoza, España)	Julia Luna (Oaxaca, México)
personas invitadas		
ropa		
comida y bebida		
música		

144

LAS FALLAS, FIESTAS DE FUEGO

1. A. Lee el titular y observa la foto del artículo. ¿De qué crees que trata?

B. Ahora, lee el artículo y comprueba tus hipótesis.

VALENCIA, MARTES 20 DE MARZO DE 2012

Valencia arde

Las fallas de este año han terminado, como es tradición, con la *cremà* (**quema**, en español) que acabó con las 760 figuras que adornaron la capital valenciana. Como todos los años, las **figuras** representaron de forma satírica a personajes públicos como artistas y políticos. La *cremà* es el final de toda una semana de fiesta que comenzó los pasados días 14 y 15 en los que se montaron las figuras, de hasta 14 metros de altura, y que adornaron las calles de toda la ciudad.

No está claro el origen de esta festividad pero se cree que fue el **gremio** de **carpinteros** quien la inició para celebrar con fuego las fiestas de su **santo patrón,** San José, el 19 de marzo. Originalmente se quemaban restos de madera para purificar los talleres donde trabajaban antes del inicio de la primavera. Con el tiempo la gente dio forma humana a los materiales de la hoguera y los vistió para representar a personas del barrio de las que querían reírse. Actualmente las fallas se hacen con poliestireno expandido (poliespan) montadas sobre estructuras de madera, y este año tuvieron un presupuesto máximo de 100.000 €. Como todos los años hemos visto el desfile fallero, *Cavalcada del regne* (cabalgata del reino), y los tradicionales juegos

pirotécnicos: la **mascletà** a la una de la tarde todos los días del 1 al 19 de marzo, y la *Nit del Foc* (noche del fuego), la noche anterior al día de San José.

A partir de las 22 horas de anoche, los ojos de miles de personas vieron cómo el fuego empezaba a consumir las fallas infantiles. Más tarde, a partir de las 23 horas, llegó el turno de las fallas grandes, que ardieron en diversos barrios de la ciudad y su zona metropolitana. A la una de la mañana, se **prendió fuego** a la falla de la Plaza del Ayuntamiento donde **falleros**, autoridades, vecinos y visitantes vieron cómo el fuego ponía fin a la fiesta mayor de la ciudad.

GLOSARIO

quemar – *destruir o consumir con fuego*
figura – *estatua que representa el cuerpo de un hombre o de un animal*
gremio – *conjunto de personas que tienen una misma profesión*
carpintero – *persona que por profesión construye cosas con madera*
santo patrón – *santo protector escogido por un pueblo o ciudad*
mascletà – *(valenciano) explosión rítmica y muy ruidosa de petardos*
prender fuego – *incendiar*
fallero – *persona que toma parte en las fallas usando el traje típico regional*

¿SABÍAS QUE...

..las fallas se celebran también en América? A mediados de los años cincuenta un grupo de inmigrantes valencianos decidieron celebrar la fiesta de San José en Mar del Plata, Argentina. Desde entonces todos los años se festejan las fallas con los mismos elementos que las de Valencia.

Az **2.** Lee las siguientes definiciones de palabras que aparecen en el texto. Identifícalas y luego localízalas en la siguiente sopa de letras. ¡Ojo!: las palabras pueden estar al revés.

Algo que critica con un tono humorístico.

_____

Armar o poner en su lugar las piezas de una estructura.

_____

Paseo de personas enfrente de un público o de una autoridad.

_____

Cantidad de dinero calculado para pagar una construcción.

_____

Cada una de las partes en que se divide una ciudad.

_____

Casa consistorial. Corporación que administra un municipio.

_____

Persona que visita un lugar o a una persona.

_____

O	A	J	S	A	T	I	R	I	C	A	D
K	M	O	Q	B	A	R	R	I	O	T	I
A	Y	U	N	T	A	M	I	E	N	T	O
C	K	X	L	N	X	G	Y	R	V	K	L
E	R	J	K	H	H	Q	E	W	R	C	Y
A	B	S	K	Z	U	W	R	X	K	S	J
Q	V	I	S	I	T	A	N	T	E	R	J
C	N	T	J	D	X	T	V	J	U	W	D
O	T	S	E	U	P	U	S	E	R	P	B
W	R	A	T	N	O	M	O	I	F	R	G
B	L	G	A	E	L	I	F	S	E	D	T
K	Z	O	W	J	V	B	J	J	R	M	M

🖥 **3. A.** Piensa en una fiesta de tu país que te guste. Busca en internet fotos e información sobre ella y responde las siguientes preguntas.

a. ¿Cuándo se realiza? ....

b. ¿Dónde se hace? ....

c. ¿Quiénes participan? ....

d. ¿Qué eventos hay? ....

e. ¿Cuál es su origen? ....

f. ¿Cuánto dura? ....

🏷 **B.** Con esta información prepara una presentación para la clase sobre la fiesta que has elegido.

EL CARNAVAL DE ORURO, MEZCLA DE TRADICIONES

1. Mira estas tres fotos. ¿Qué fiesta es? ¿Dónde crees que se celebra? ¿Qué actividades crees que se realizan?

2. Lee el siguiente programa de fiestas y comprueba tus hipótesis.

Carnaval de Oruro 2012

La fiesta más importante en Bolivia y delcarado por la UNESCO Patrimonio Oral e Inmaterial de la Humanidad.

Programa de Fiestas

Día: Jueves 16 de febrero
10:00 h. "Anata Andina": **Ritual** de agradecimiento por la producción agrícola con bailes a la Pachamama (la Madre Tierra). **Lugar:** Principales calles de la ciudad.

Día: Viernes 17 de febrero
10:00 h. "Challa": **Bendición** tradicional de los lugares de trabajo. **Lugar:** Principales calles de la ciudad y entrada de la mina.
12:00 h. "Convite del Tío": Ritual para dar gracias al espíritu de las minas, el Tío, por el metal que se extrae de ellas. **Lugar:** Entrada de la mina.
20:30 h. "**Serenata** a la Virgen": Interpretación de cantos folclóricos dedicados a la Virgen.
Lugar: Atrio de la iglesia de la Virgen del Socavón.

Día: Sábado 18 de febrero
07:00 h. Peregrinación al Santuario de la Virgen del Socavón. Entrada de grupos folclóricos de bailarines que presentan **coreografías** dedicadas a la Virgen.
Lugar: Ruta de la Peregrinación.

Día: Domingo 19 de febrero
04:00 h. "**Alba**": Saludos a la virgen con bandas musicales. **Lugar:** Cerro Pie de gallo.

07:00 h. Domingo de Corso de Carnaval. Segunda entrada de los bailarines de carnaval.
Lugar: Ruta de la entrada de peregrinación.

Día: Lunes 20 de febrero
09:00 h. "Diablada": Bailes que representan la lucha del Arcángel San Miguel contra los **diablos** que al final se presentan ante la Virgen para pedir perdón por sus pecados. **Lugar:** Atrio de la iglesia de la Virgen del Socavón.

GLOSARIO

ritual – costumbre o ceremonia que siempre se repite de la misma manera
bendición – expresión de un deseo bueno hacia una persona por medio de un ritual religioso
serenata – música en honor de alguien que se interpreta en la calle y durante la noche
atrio – patio que está al frente de una iglesia
peregrinación – que se hace por motivos religiosos a un santuario o a un lugar sagrado
alba – amanecer
coreografía – conjunto de movimientos que compone una pieza de baile
diablo – cada uno de los ángeles rebeldes que fueron expulsados del reino de Dios

3. Marca si las siguientes ideas sobre el carnaval de Oruro son verdaderas o falsas:

a. Es una fiesta seria y triste.   V ☐   F ☐

b. Todos los elementos del carnaval de Oruro son de origen cristiano.   V ☐   F ☐

c. La música y el baile juegan un papel importante en la celebración.   V ☐   F ☐

d. Todas las actividades son por la mañana.   V ☐   F ☐

e. El carnaval dura cinco días.   V ☐   F ☐

4. Qué actividad te parece más interesante? ¿Qué día asistirías? ¿Por qué? Coméntalo con tu compañero.

5. Ahora te presentamos dos fiestas que también son el resultado de una mezcla de tradiciones. En internet busca información sobre ellas (textos y vídeos) y completa el cuadro.

Día de la Virgen de Guadalupe

Lugar:

Fechas:

Actividades:

Origen de esta fiesta:

Carnaval de Negros y Blancos

Lugar:

Fechas:

Actividades:

Origen de esta fiesta:

BIENVENIDO A LA VIDA

1. A. Esta es la invitación a una celebración en un país del mundo hispano. ¿Con qué adjetivos la relacionas?

serio

obligatorio

importante

único

alegre

religioso

> Lo invitamos a acompañarnos en el bautizo de:
>
> ## María Alicia
>
> **EL LUGAR:** Iglesia de las Ánimas (Avenida 10, San José de Costa Rica)
> **LA FECHA:** jueves 28 de mayo.
> **HORA:** 12.30 p.m.
> y después compartiremos un brindis en el Restaurante La Esmeralda, avenida 2, entre calle 5 y 7 (frente a Caja Costarricense del Seguro Social).
> **Se ruega contestación.**
>
> Tel.: Javier (506) 221 0530
> CORREO ELECTRÓNICO: javierguadarrama@hotmail.cr.com

B. ¿Consideras que es un texto formal o informal? ¿En qué lo has notado?

C. ¿Cómo crees que se desarrolla? ¿Quiénes crees que asisten? ¿Dónde crees que se lleva a cabo?

2. Lee el siguiente texto que describe un bautizo y comprueba tus respuestas. Después, escribe los nombres de los elementos de la foto.

En España e Hispanoamérica es común celebrar el nacimiento de un niño y su entrada en la comunidad religiosa de sus padres (católica o protestante) por medio de una ceremonia. Esta celebración se llama "bautizo" y normalmente se hace en el primer año de vida del bebé. En ella se da nombre cristiano al niño y se marca de forma ritual **untándole** aceite en la frente y se le moja la cabeza con agua tomada de la **pila bautismal**. En este acto, además del **sacerdote** y de los padres, también están presentes familiares y amigos. Una característica importante es que no son los padres quienes presentan al niño en la iglesia, sino una pareja cercana a ellos, que pueden ser parientes o amigos, y que se llaman "padrinos" y que son los encargados de **garantizar** la educación espiritual del niño. Después de la ceremonia religiosa se suele hacer un desayuno o comida en honor del bautizado.

GLOSARIO

untar – aplicar y extender aceite, crema o mantequilla en la piel o en un trozo de pan
pila bautismal – pieza de piedra donde se guarda el agua bendita para el bautismo
sacerdote – persona que se dedica a celebrar las ceremonias religiosas
garantizar – hacer que algo se cumpla

3. Elige un momento importante en la vida de una persona en tu país. ¿Qué momento sería? Piensa en cómo organizarías una fiesta. ¿A qué personas invitarías? ¿Dónde la celebrarías? ¿Sería formal o informal? Crea una invitación en la que incluyas la información que consideres importante.

UN TRISTE ADIÓS

1. Lee el siguiente texto. ¿Qué información contiene? ¿Cuál es su objetivo?

OBITUARIO

Luis García Berlanga **ha fallecido** el día de hoy a los 89 años de edad. Nació en Valencia en 1921 en el seno de una familia burguesa. Debutó como director con la película *Esa pareja feliz* en 1951. En sus películas, Berlanga criticó la política y la sociedad de sus tiempos de forma velada por lo que, con diálogos y situaciones de doble lectura, logró burlar la fuerte censura del **régimen** franquista. Entre sus películas más destacadas están *Bienvenido Mr. Marshall*, *Plácido*, *El verdugo* y *La escopeta nacional*. A lo largo de su carrera cinematográfica Berlanga recibió el premio Nacional de Cinematografía en 1980 y la Medalla de Oro de Bellas Artes en 1981. La **capilla ardiente** estará en la Academia de Cine, de 10 a 14 horas del día de hoy. El **entierro** se celebrará en el Cementerio Municipal de Pozuelo de Alarcón, Madrid, a las 15 horas.

GLOSARIO

fallecer – *morir*
régimen – *gobierno dictatorial*
capilla ardiente – *lugar donde se vela a un muerto*
entierro – *acto en el que se sepulta a un cadáver dentro de la tierra*

CD23

2. Ahora escucha la información sobre un entierro en México y contesta las siguientes preguntas:

a. ¿Cuál es el objetivo principal de un funeral? _____

b. ¿En qué lugares se realiza? _____

c. ¿Qué actividades extras se realizan en las casas? _____

_____

d. ¿Cuándo se hace el entierro? _____

e. ¿Cuántos días dura el ritual? _____

GLOSARIO

solemne – *formal*
chistes – *historia breve de contenido gracioso*
misa de cuerpo completo – *ceremonia religiosa en presencia de una persona muerta*
rezar – *decir oraciones de contenido religioso*
merendar – *comer algo ligero por la tarde o noche*

¿SABÍAS QUE...

...en muchos sitios de Hispanoamérica es común acompañar el entierro con música que le gustaba al difunto o con música tradicional? Esto sucede con mayor frecuencia en el ámbito rural pero también pasa en las grandes ciudades.

¡VIVA MÉXICO!

1. El siguiente texto es sobre la celebración de los 200 años de independencia de México.

   a. ¿Sabes de quién se independizó?
   b. ¿En que año pasó?
   c. ¿Con qué ideas relacionas este país?

2. Lee la transcripción del reportaje de una radio mexicana sobre esta celebración y comprueba si aparecen algunas de las ideas que has pensado.

– Una lluvia de luces **multicolores** iluminó 200 años de independencia de México en la Plaza de la Constitución. Un escenario que se vistió de gala. Una fiesta que recordó cada paso de la historia. Poco antes de las diez de la noche miles de gargantas **corearon** la **cuenta regresiva** del Bicentenario.

– Una noche en la que se escucharon las voces del Bicentenario que fueron seguidas por miles de mexicanos:

   "México lindo y querido, si muero lejos de ti,
   que digan que estoy dormido y que me traigan aquí."

– El espectáculo de doscientos años de vida independiente iluminó no solo el cielo de la capital, sino también los edificios más importantes del Centro Histórico. En el Palacio Nacional comenzó la fiesta de luces multicolores. En lo más alto se inició el concierto de fuego que dio paso al Grito de Independencia:

   "¡Viva México! ¡Viva!"

– El verde, blanco y rojo salió desde lo alto del Palacio y **ondeó** en la bandera. La catedral lució magnífica. Sus paredes presentaron imágenes de la historia y las tradiciones de los mexicanos.

– El espectáculo en la Plaza de la Constitución causó expectación.

– El Coloso, una gigante de figura humana, dejó **perplejos** a todos. Desde que se inclinó hasta que se puso de pie.

– Fue una noche perfecta con una plaza **repleta** de mexicanos y con un ángel que recordó la libertad. Una noche en la que México estuvo en el ombligo de la luna, como lo dice su nombre, pero también en los ojos del mundo.

GLOSARIO

multicolor – de muchos colores
corear – cantar o decir al mismo tiempo
cuenta regresiva – contar hacia atrás
ondear – mover una bandera
perplejo – asombrado
repleto – lleno

3. Busca en YouTube vídeos sobre la celebración del bicentenario de la independencia de México. ¿Qué otros elementos no aparecen en el texto que has visto en los vídeos? Descríbelos.

4. Busca la palabra intrusa y justifica tu respuesta.

coloso	grande	enorme	suave

¿Por qué?_____

iluminó	luces	figura	fuego

¿Por qué?_____

edificios	espectáculo	fiesta	fuegos artificiales

¿Por qué? _____

5. A. Busca información sobre la fiesta nacional de otro país hispanohablante y responde el siguiente cuestionario. Haz lo mismo con la fiesta nacional de tu propio país.

    a. ¿Cuándo se celebra?
    b. ¿Qué se celebra?
    c. ¿Qué actividades se hacen?
    d. ¿Dónde se realizan?
    e. ¿Quiénes participan o asisten a las celebraciones?
    f. ¿Ese día es festivo?

B. Con esta información escribe dos textos de cinco líneas cada uno en los que describas cómo son esas fiestas.

PARA HABLAR DE

ELEMENTOS DECORATIVOS
luces de colores, fuegos de artificio, banderas, máscaras, trajes tradicionales

_____

_____

CELEBRACIONES Y FIESTAS
boda, bautizo, fiesta de los quince años, carnavales, desfile, fallas

_____

_____

VERBOS
adornar, celebrar, decorar, bailar, festejar

_____

_____

PERSONAS
novios, padrino, madrina, chambelán, sacerdote, mariachi, peregrinos, fallera

_____

_____

DVD

1. Observa las imágenes de dos fiestas. Marca los elementos que aparecen en el cuadro y completa con más información.

	fiesta 1	fiesta 2
música en vivo		
bebidas		
discurso		
pastel		
camareros		

2. Responde las siguientes preguntas y coméntalas con tu compañero.

a. ¿Qué tipo de fiestas son?

b. ¿Cómo lo has descubierto?

3. En la lista marca las ideas que crees que son correctas. Comenta con tu compañero y justifica tu elección.

a. En una fiesta la gente parece estar más feliz que en la otra. ☐

b. En las dos fiestas la gente lleva ropa muy elegante. ☐

c. Las fiestas son de clases sociales diferentes. ☐

d. Los invitados son familiares y amigos. ☐

e. Las fiestas se están celebrando en lugares especiales. ☐

4. ¿Recuerdas alguna otra escena de películas o televisión donde haya fiestas?

TAREA FINAL

Con los conocimientos que ahora tienes sobre celebraciones y fiestas, elige una de estas actividades y desarróllala. Luego la presentarás en clase.

1. Vamos a escribir el anuncio de una excursión para participar en una fiesta de algún país hispanohablante.

> Elige un país que te interese y busca información sobre alguna de sus fiestas tradicionales (qué, cómo, cuándo y dónde se celebra).
>
> Busca medios de transporte para ir y volver y lugares donde dormir.
>
> Organiza la información en forma de un itinerario, por ejemplo:
>
> Día 1.   Transporte: _____
>
> Lugares que vais a visitar: _____
>
> Precios de las entradas y de las comidas: _____
>
> Lugares para dormir: _____
>
> Día 2...

2. Piensa en una fiesta que no se celebra en tu país y que quieres celebrar en tu ciudad.

> - ¿En qué lugar/es de tu ciudad se va a celebrar?
> - ¿Qué eventos va a haber?
> - ¿Cuántos días va a durar y en qué fechas?
> - Diseña un cartel para invitar a esta nueva celebración. Recuerda ponerle fotos y las actividades que se van a realizar.

FIESTAS HISPANAS

- Carnaval de Barranquilla (Colombia)
- Carnaval de Oruro (Bolivia)
- Día de la Virgen de Guadalupe (Ciudad de México, México)
- Día de muertos (México y Guatemala)
- Las fallas (Valencia, España)
- Fiesta de la Candelaria (Puno, Perú)
- Fiestas de San Benito (Venezuela)
- Inti Raymi (Cuzco, Perú)
- Los sanfermines (Pamplona, España)
- La traída (Managua, Nicaragua)

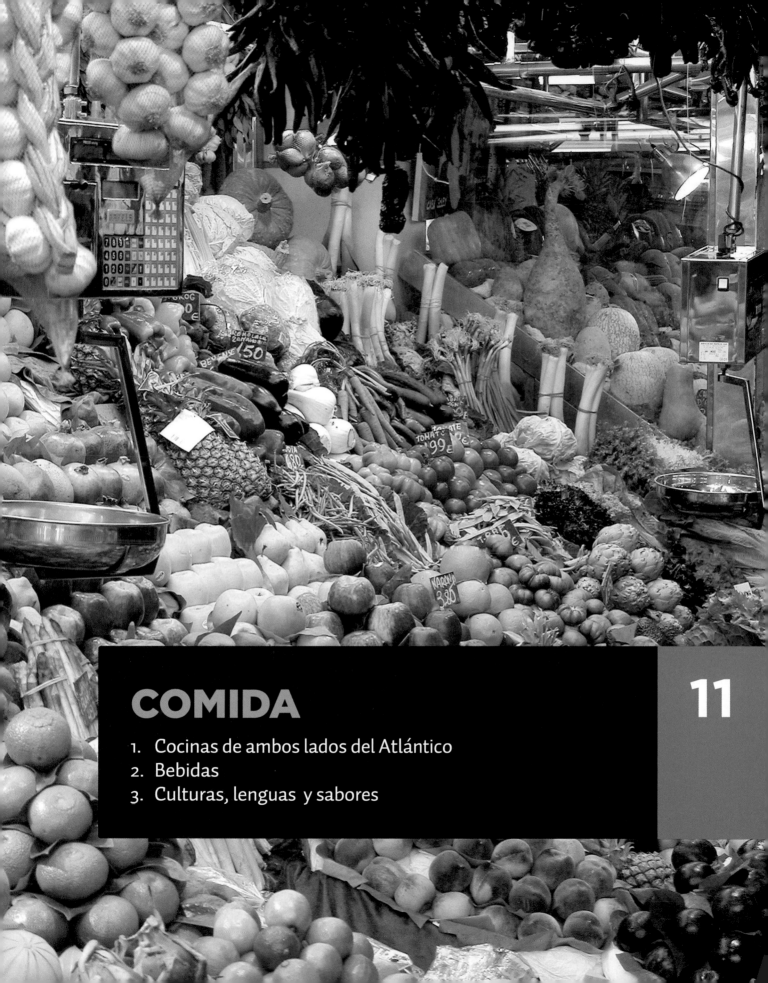

COMIDA

11

UN PLATO SIN FRONTERAS

1. ¿Qué platos hispanoamericanos conoces? Haz una lista.

2. Lee la entrada del siguiente blog de cocina y comprueba si el plato que mencionan está en tu lista.

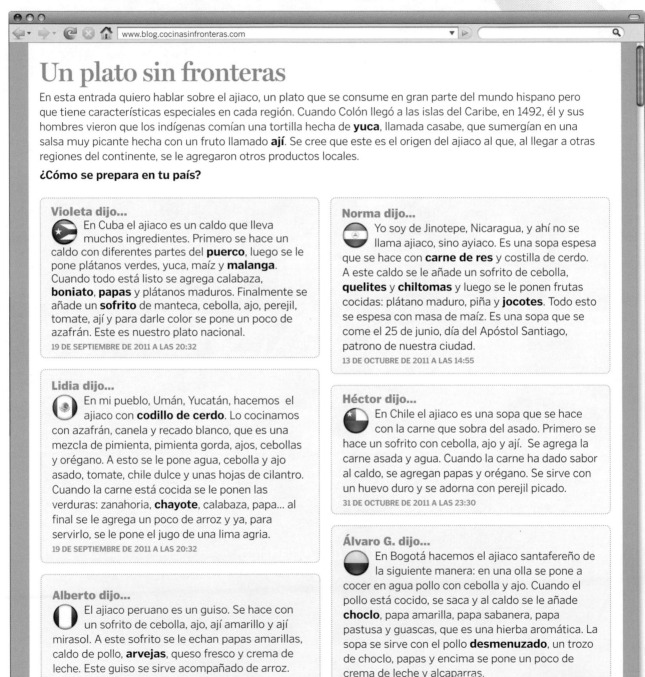

Un plato sin fronteras

En esta entrada quiero hablar sobre el ajiaco, un plato que se consume en gran parte del mundo hispano pero que tiene características especiales en cada región. Cuando Colón llegó a las islas del Caribe, en 1492, él y sus hombres vieron que los indígenas comían una tortilla hecha de **yuca**, llamada casabe, que sumergían en una salsa muy picante hecha con un fruto llamado **ají**. Se cree que este es el origen del ajiaco al que, al llegar a otras regiones del continente, se le agregaron otros productos locales.

¿Cómo se prepara en tu país?

Violeta dijo...
En Cuba el ajiaco es un caldo que lleva muchos ingredientes. Primero se hace un caldo con diferentes partes del **puerco**, luego se le pone plátanos verdes, yuca, maíz y **malanga**. Cuando todo está listo se agrega calabaza, **boniato**, **papas** y plátanos maduros. Finalmente se añade un **sofrito** de manteca, cebolla, ajo, perejil, tomate, ají y para darle color se pone un poco de azafrán. Este es nuestro plato nacional.
19 DE SEPTIEMBRE DE 2011 A LAS 20:32

Lidia dijo...
En mi pueblo, Umán, Yucatán, hacemos el ajiaco con **codillo de cerdo**. Lo cocinamos con azafrán, canela y recado blanco, que es una mezcla de pimienta, pimienta gorda, ajos, cebollas y orégano. A esto se le pone agua, cebolla y ajo asado, tomate, chile dulce y unas hojas de cilantro. Cuando la carne está cocida se le ponen las verduras: zanahoria, **chayote**, calabaza, papa... al final se le agrega un poco de arroz y ya, para servirlo, se le pone el jugo de una lima agria.
19 DE SEPTIEMBRE DE 2011 A LAS 20:32

Alberto dijo...
El ajiaco peruano es un guiso. Se hace con un sofrito de cebolla, ajo, ají amarillo y ají mirasol. A este sofrito se le echan papas amarillas, caldo de pollo, **arvejas**, queso fresco y crema de leche. Este guiso se sirve acompañado de arroz.
17 DE OCTUBRE DE 2011 A LAS 19:26

Norma dijo...
Yo soy de Jinotepe, Nicaragua, y ahí no se llama ajiaco, sino ayiaco. Es una sopa espesa que se hace con **carne de res** y costilla de cerdo. A este caldo se le añade un sofrito de cebolla, **quelites** y **chiltomas** y luego se le ponen frutas cocidas: plátano maduro, piña y **jocotes**. Todo esto se espesa con masa de maíz. Es una sopa que se come el 25 de junio, día del Apóstol Santiago, patrono de nuestra ciudad.
13 DE OCTUBRE DE 2011 A LAS 14:55

Héctor dijo...
En Chile el ajiaco es una sopa que se hace con la carne que sobra del asado. Primero se hace un sofrito con cebolla, ajo y ají. Se agrega la carne asada y agua. Cuando la carne ha dado sabor al caldo, se agregan papas y orégano. Se sirve con un huevo duro y se adorna con perejil picado.
31 DE OCTUBRE DE 2011 A LAS 23:30

Álvaro G. dijo...
En Bogotá hacemos el ajiaco santafereño de la siguiente manera: en una olla se pone a cocer en agua pollo con cebolla y ajo. Cuando el pollo está cocido, se saca y al caldo se le añade **choclo**, papa amarilla, papa sabanera, papa pastusa y guascas, que es una hierba aromática. La sopa se sirve con el pollo **desmenuzado**, un trozo de choclo, papas y encima se pone un poco de crema de leche y alcaparras.
13 DE NOVIEMBRE DE 2011 A LAS 11:45

GLOSARIO

yuca – raíz de origen americano que se come cocida

ají – chile, guindilla

puerco – cerdo

malanga – tubérculo comestible que se cultiva en zonas tropicales

boniato – tubérculo parecido a la patata pero más dulce

papa – patata

sofrito – cebolla, ajo y otros ingredientes fritos en aceite para condimentar guisos

codillo de cerdo – parte inferior de las patas delanteras del cerdo

chayote – fruto de origen americano que se usa como verdura

arvejas – guisantes, chícharos

carne de res – carne de vacuno

quelites – nombre de diferentes plantas silvestres comestibles

chiltoma – pimiento morrón, chile dulce

jocote – fruto comestible americano de sabor ácido, cuando está verde, y dulce y aromático cuando está maduro

choclo – maíz tierno, elote

desmenuzado – dividido en partes muy pequeñas

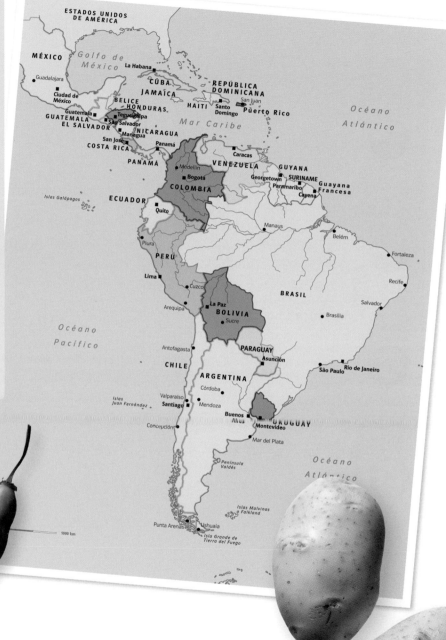

3. Completa las siguientes oraciones con la información del blog.

a. En todas las variedades hay ají excepto en _____

b. Todas las recetas llevan papas, excepto en _____

c. En los países mencionados el ajiaco es una sopa, excepto en _____

d. Se cree que el origen del ajiaco es _____

e. Quiero probar el ajiaco de _____ porque _____

COCINAS DE AMBOS LADOS DEL ATLÁNTICO

Az **4.** Completa el cuadro con los ingredientes que se usan en cada país. Puedes usar un diccionario para aclarar la información que no entiendas.

	CARNES	TUBÉRCULOS	FRUTAS	OTRAS VERDURAS	HIERBAS Y CONDIMENTOS
CHILE					
COLOMBIA					
CUBA					
MÉXICO					
NICARAGUA					
PERÚ					

EL COCIDO

Az **1.** A continuación vas a ver los ingredientes de la receta del cocido de una familia valenciana. Relaciona las palabras en **negrita** con las fotos.

Un plato español muy similar al ajiaco es el **cocido**. Este plato se suele preparar con los productos del lugar y se come normalmente cuando hace frío. Cada región, cada ciudad e incluso cada familia tiene su receta propia.

Ingredientes para 4 personas:

100 gr de **garbanzos** (a)

1 **hueso de jamón** (b) serrano

50 gr de **tocino** (c)

2 **patatas** (d) cortadas en trozos grandes

3 **zanahorias** (e)

8 hojas de **col** (f) cortadas en trozos grandes

1 cardo limpio y cortado

4 huesos de espinazo de cerdo

125 gr de carne de ternera

125 gr de carne de cordero

250 gr de carne de gallina

2 **morcillas** (g)

1 **chorizo** (h)

1 **longaniza** (i)

2. Escucha la receta del cocido y ordena las partes de la receta.

CD24

Cocer los garbanzos con el jamón durante 90 minutos. ☐

Servir la carne con las verduras y condimentar con sal, pimienta y aceite de oliva. ☐

Poner los garbanzos y el jamón en agua. ☐

Servir el caldo como sopa: con pan duro y hierbabuena. ☐

Poner los embutidos y cocer otros 20 minutos. ☐

Cocinar durante cuarenta minutos. ☐

Agregar el cerdo, la ternera, el cordero, la gallina, las patatas y el cardo. ☐

GLOSARIO

cardo – *planta de hojas comestible*
chorizo – *embutido corto de carne de cerdo picada y condimentada con pimiento*
embutidos – *tripas rellenas de carne picada*
espinazo – *hueso de la espina dorsal*
garbanzo – *semilla comestible de color amarillento*
hervir – *calentar hasta producir burbujas*
hierbabuena – *hierba aromática, menta*
morcilla – *embutido de sangre condimentada*

3. Busca en internet la receta de un plato típico de tu país y escríbela en español.

Ingredientes

Preparación

160

UN MAR DE SABORES

1. Lee las siguientes definiciones de una enciclopedia de gastronomía. Después, lee las informaciones adicionales y relaciona cada una con su definición correspondiente.

1. *agua de cebada.* Infusión de granos de **cebada** que se endulza, se aromatiza con canela y se sirve muy...

2. *chicha.* Bebida que se obtiene de la fermentación de granos de maíz en agua con azúcar. Contiene un poco de alcohol. Se consume desde México...

3. *atole.* Bebida hecha con maíz, azúcar y agua y se le puede dar sabor con cacao, canela, vainilla, anís o frutas. Se suele beber caliente. Es originario de...

4. *horchata.* Bebida dulce hecha con agua y algún tipo de **semilla** como almendras, arroz, semillas de melón, etc. Su origen es muy antiguo y...

5. *mate de coca.* Infusión hecha con hojas de coca (*Erythroxylum coca*). Se consume en las zonas andinas de Colombia, Ecuador, Perú, Bolivia, Paraguay, Chile y Argentina...

6. *mate.* Infusión hecha con hojas de yerba mate (*Ilex paraguariensis*), que es originaria de Sudamérica. Se bebe, por medio de una **bombilla**, en recipientes...

7. *tereré.* Bebida refrescante hecha con yerba mate que se mezcla con agua fría o jugo frío de naranja u otros **cítricos**. Es muy común en el norte de Argentina, en algunos estados del sur de Brasil y en Paraguay, donde fue...

8. *leche merengada.* Bebida dulce hecha con leche aromatizada con...

☐ ...donde se utiliza contra el 'soroche' o mal de montaña.

☐ ...declarado bebida oficial. Al igual que el mate, se bebe a través de una bombilla que produce un ruido similar a su nombre.

☐ ...canela y piel de limón. Es típica de la costa mediterránea de España pero se puede encontrar en muchas partes de la península ibérica.

☐ ...hechos de **calabaza**. Es muy común en Argentina, Brasil, Paraguay y Uruguay, y un poco menos en Chile y Bolivia. La yerba mate contiene cafeína y por eso se usa como estimulante.

☐ ...hasta Argentina. En algunos países como Perú y Venezuela no se fermenta y en Cuba se prepara con **cáscaras** de piña.

☐ ...fría. Es común en México y en Perú y Bolivia, donde se llama emoliente y se sirve frío o caliente. En algunos países caribeños como Cuba, Colombia, Panamá, Puerto Rico, República Dominicana y Venezuela existe una versión industrial llamada malta que también se consume fría.

☐ ...México y Centroamérica donde se le llama atol. Existen también versiones hechas con leche en lugar de agua. En Bolivia se prepara una bebida similar llamada api y que está hecha con maíz morado.

☐ ...su nombre viene del latín, *hordeate*, que significa, "hecho de cebada". En España se hace con un tipo de **tubérculo** llamado chufa (*Cyperus esculentus*), el cual se muele con agua y azúcar. En algunos países caribeños y en México se hace con arroz y en el Salvador se prepara con las semillas de una calabaza de árbol (*Crescentia alata*).

GLOSARIO

cebada – *cereal con el que se prepara la cerveza y otras bebidas*
semilla – *parte de las plantas que cuando se siembra produce nuevas plantas*
bombilla – *tubo delgado de metal o caña con agujeros en un extremo que se usa para beber el mate*
cítricos – *frutas ácidas como el limón, la naranja y la mandarina*
calabaza – *fruto con forma redonda y cáscara dura*
cáscaras – *cubierta exterior de frutas y verduras*
tubérculo – *raíz comestible que contiene muchos nutrientes, como la patata, la yuca o la chufa*

2. ¿Qué bebidas tradicionales se beben en tu país? ¿Qué ingredientes llevan? ¿Cuándo se beben?

3. Lee el siguiente poema popular sobre una de las bebidas de la enciclopedia. ¿A cuál de ellas se refiere? Completa el texto con ese nombre.

¡Aguas frescas, aguas frescas!
anuncian en su vendimia
en el centro de la plaza.

Harina de arroz en el agua,
azúcar y canela
y un toquecito de vainilla.

Y ya pal mediodía,
cuando hay harta calor
un vasito de _____ bien fría,
alegra el corazón.

Dulce bebida blanca
que en las fiestas patrias
entre la limonada y la jamaica
a nuestra insignia imita y calca.

¿SABÍAS QUE...

...existe una leyenda sobre el nombre de la horchata? Cuando el rey Jaime I de Aragón llegó a Valencia, después de derrotar a los reyes musulmanes que ahí vivían, una mujer le ofreció un vaso de una bebida hecha con chufas, azúcar y agua. Cuando el rey probó la bebida le preguntó a la mujer qué era esa bebida. La mujer le respondió que era leche de chufa pero el rey dijo: *Açò no és llet, açò és or, xata.* (Esto no es leche, esto es oro, chata).

GLOSARIO

vendimia – *recolección de uvas para hacer vino. En este poema se usa como sinónimo de 'lugar de venta'*
toquecito – *un poco de*
fiestas patrias – *fiesta nacional*
(agua de) jamaica – *infusión de flores de hibisco, de color rojo. Se bebe azucarada y fresca*
limonada – *bebida hecha con agua, azúcar y limas o limones*
insignia – *bandera*
calcar – *copiar*

4. El poema menciona tres bebidas de diferentes colores. ¿Qué colores son? Hay un país hispanohablante que tiene una bandera con esos colores. ¿Cuál es?

5. Piensa en la bebida nacional de tu país. ¿Qué adjetivos puedes usar para describirla? Escribe la definición o un poema de esa bebida.

UNA BEBIDA DE TODO EL DÍA

1. Cuando piensas en bebidas calientes, ¿cuáles te vienen a la mente? Haz una lista.

2. Lee la siguiente entrevista con Carlos, un chico argentino que nos habla de su bebida favorita. Coloca las siguientes preguntas en el lugar adecuado.

¿y prefieres tomarlo solo o acompañado?	¿y cómo se prepara? ¿Es difícil?

¿Qué te gusta de él?	¿Y sobre qué conversas?	¿cuál es tu bebida favorita?

¿Y en tu país es una bebida muy común?	¿En qué momento del día lo tomas?

— Perdona, ¿puedo hacerte una pequeña entrevista para el programa de Radio Nacional "Cocinas del mundo"?

— Sí, claro.

— ¿Cómo te llamas?

— Carlos.

— Hola, Carlos. ¿De dónde eres?

— Soy argentino.

— Estupendo. Oye, Carlos,

— El mate.

—

— Me gusta su sabor porque es amargo. También me gusta que tiene cafeína y me tiene activo, como despierto.

—

— Todo el día. Para mí el mate es parte de la vida.

— Oye,

— Acompañado, por supuesto, porque el mate invita a conversar. Es como una excusa para dialogar con mis amigos.

—

— De todo. No hay un tema específico pero a mí me gusta mucho hablar de política.

—

— Sí, en todo el país.

— Oye,

— Lo más importante es que el agua no hierva y esté a 90 grados. Primero se pone la yerba en el mate, se tapa y se agita para dejar la yerba inclinada, se pone agua en la parte más baja y allí se pone la bombilla. A partir de este momento la bombilla no se mueve. Normalmente se va pasando de persona a persona hasta que alguien dice "gracias". Eso quiere decir que ya no quiere beber más. ¿Ves que es muy fácil de preparar?

— Sí, sí, ya veo. Oye, ¿me podrías invitar a un matecito?

— Sí, claro, para eso es el mate, para compartirlo.

3. A. Completa la siguiente ficha con la información de tres amigos o miembros de tu familia. Tienes que formular preguntas similares a las del diálogo.

NOMBRE: _____

BEBIDA: _____

MOTIVOS PARA BEBERLA: _____

HORA EN QUE LA TOMA: _____

CON O SIN COMPAÑÍA: _____

ORIGEN DE LA BEBIDA: _____

NOMBRE: _____

BEBIDA: _____

MOTIVOS PARA BEBERLA: _____

HORA EN QUE LA TOMA: _____

CON O SIN COMPAÑÍA: _____

ORIGEN DE LA BEBIDA: _____

NOMBRE: _____

BEBIDA: _____

MOTIVOS PARA BEBERLA: _____

HORA EN QUE LA TOMA: _____

CON O SIN COMPAÑÍA: _____

ORIGEN DE LA BEBIDA: _____

B. ¿Hay alguna similitud entre vosotros? ¿Cuál?

HISTORIA GASTRONÓMICA DE UNA LENGUA

1. ¿Qué culturas han influido en la lengua española? ¿En qué lo notas?

2. Lee la siguiente historia de la lengua española a través de la comida y comprueba si has acertado.

La lengua española a través de la comida

Los primeros habitantes de la Península Ibérica son pueblos celtas e íberos que viven de la caza, la pesca, la recolección y el cultivo de algunos cereales. Una de las pocas palabras en español con origen prerromano es **conejo**, muy abundante en esos tiempos. Estos pueblos comercian con griegos y fenicios, quienes fundan algunas ciudades en las costas ibéricas.

En el siglo II antes de Cristo los romanos empiezan la conquista de la península y con ella llegan nuevos productos de oriente. La **vid**, el **vino**, el **trigo** y el **olivo** llevado por los griegos toman estos nombres. El **pan**, desconocido hasta entonces, se vuelve el alimento básico de la población. Algunos vegetales que ya existen en tierras ibéricas y otros que llevan los romanos adquieren nombre latino, tal es el caso de **ajo, almendra, apio, avena, castaña, cebada, cebolla, cereza, ciruela, dátil, lechuga, melón, menta, haba, higo, nabo, nuez, pera, piñón, puerro**, etc. También algunos nombres de animales y de algunos productos hechos con ellos tienen el mismo origen, por ejemplo, **cabra, carne, miel, pollo, vaca** e incluso algunas formas de preparación como **asar, caldo, freír o cocer**.

A la caída del Imperio Romano, en el siglo V d.C., varios pueblos bárbaros llegan a la Península Ibérica entre ellos los visigodos, los cuales gobiernan la península durante dos siglos y medio. Este nuevo gobierno significa un cambio completo en la sociedad ibérica y, obviamente, en las formas de producir alimentos y de comerlos. La dieta de estos nuevos habitantes se basa en el consumo de **pan, cereales, vino, carne, queso, legumbres** y algunas pocas **verduras**. Las palabras **buñuelo, ganso** y **brindis** son algunos de los pocos ejemplos de palabras relacionadas con los alimentos que han quedado de ese período.

Entre los siglos VII y XV de nuestra era un nuevo grupo de habitantes, provenientes del norte de África, se establece en la península. Estos pueblos musulmanes recuperan las técnicas de cultivo romanas y las mejoran; además introducen nuevos productos desconocidos en Europa hasta ese momento. Hay muchos ejemplos de estos nuevos alimentos que se integraron a la dieta hispánica, por ejemplo, frutas como **el albaricoque, el limón, la naranja y la toronja (pomelo)**; verduras como **las acelgas, las alcachofas, la berenjena, la zanahoria;** y otros alimentos como **la albahaca, el alcohol, el azúcar, los fideos, el escabeche, el gazpacho, los jarabes y los patos**, entre muchos otros.

Cuando Cristóbal Colón descubre América tiene contacto con pueblos taínos que le presentan nuevos alimentos como **el ají, la batata (o boniato), la guayaba, el maní, el maíz y la yuca**. Es ahí donde los españoles ven a los habitantes del lugar cocinar con el fuego dentro de un agujero en la tierra. Sobre este agujero colocan una parrilla de ramas y sobre esta se cocinan los alimentos. Este método se llama **barbacoa**.

En 1520 los soldados españoles llegan al imperio azteca. Ahí se encuentran con una civilización muy desarrollada que hace uso de todos los medios que tiene a su alrededor. La base de su alimentación es **el maíz, la calabaza, el chile y el frijol**, los cuales cultivan al mismo tiempo y en el mismo lugar. La lengua de este pueblo es el náhuatl, utilizado como lengua franca o lengua de comunicación para el comercio en todo el imperio y en Centroamérica. Algunas de las palabras de esta lengua que han quedado en el español son **aguacate, cacahuate, camote, chayote, chicle, chile, chocolate, elote y tamal**.

3. Escucha la siguiente entrevista sobre otras influencias en el vocabulario gastronómico de la lengua española. Escribe el nombre de las lenguas y las fechas en que la influyeron.

CD25

¿SABÍAS QUE...

...la cocina filipina tiene una fuerte influencia de las cocinas española y mexicana? Esto es porque Filipinas fue una colonia española y desde 1565 hasta 1821 hubo una de las rutas comerciales más importantes del mundo entre Manila y Acapulco. A través de esta ruta se transportaron frutas o verduras americanas al sureste asiático y especias y frutas asiáticas a México, y desde ahí a otras partes del continente americano y a Europa.

Az 4. Relaciona las siguientes palabras en español con la palabra en otra lengua en la que tienen origen.

1. cacao	a. *al ruzz* (árabe)
2. tallarines	b. *mexilhão* (portugués)
3. mejillón	c. *caseum* (latín)
4. panqueque	d. *taglierini* (italiano)
5. jamón	e. *pan cake* (inglés)
6. queso	f. *jambon* (francés)
7. arroz	g. *cacahuatl* (náhuatl)

5. Busca en el diccionario de la Real Academia Española (www.rae.es) el origen de las siguientes palabras:

leche manzana sopa sandía atún papaya guacamole crema margarina bar

6. ¿Qué palabras del texto de la página anterior existen en tu lengua? ¿Qué otras palabras de origen extranjero hay? ¿De dónde son?

LAS NUEVAS TENDENCIAS

1. ¿Cómo imaginas que es la cocina de vanguardia? Marca las frases con las que estás de acuerdo.

Usa técnicas nuevas.

Contiene muchos ingredientes industriales.

Usa ingredientes exóticos.

Intenta crear sensaciones nuevas.

Se basa en la cocina tradicional.

Hace mezclas raras.

2. Lee las reseñas de tres restaurantes de vanguardia en el mundo hispano. Comprueba si coinciden con las frases que has marcado.

Restaurante Pujol

La Nueva Cocina Mexicana es una tendencia gastronómica que tiene como característica principal la fusión de recetas tradicionales con técnicas modernas de la gastronomía internacional. Este movimiento culinario ha recuperado algunos ingredientes mexicanos casi olvidados, como los insectos y las flores, y los ha integrado en sus recetas. Además, ha reinventado platos típicos y ha cambiado la manera tradicional de presentar los platos por otra más **sofisticada**. Uno de los mejores ejemplos de esta cocina es el Restaurante Pujol de Enrique Olvera. Ahí se sirve una exquisita variedad de platos innovadores como el "Huevo escondido (dentro de una tortilla de maíz) con frijol y salsa de **chapulín**", el "Pez escolar en ceniza de chile ancho" o el "Cebiche de pescado marinado en jugo de coco y limón real". Excelente servicio en un ambiente agradable y elegante.

Calle Francisco Petrarca 254,
Ciudad de México, México.
http://pujol.com.mx/

Celler de Can Roca

El conocido restaurante Celler de Can Roca nos ofrece uno de los mejores menús de la cocina de autor española. Ubicado en una antigua casa reformada en la ciudad de Gerona, este moderno restaurante combina la cocina tradicional con las técnicas modernas. De acuerdo con sus creadores, los hermanos Joan, Josep y Jordi Roca, el concepto del restaurante es mezclar los recuerdos con las emociones y **recrearlos** a través de la comida. Los platos son una experiencia única, porque intentan estimular al mismo tiempo la vista, el gusto, el olfato y el tacto por medio de sabores, texturas, olores, colores y mezclas poco comunes. Se puede cenar a la carta, pero lo más recomendable es elegir uno de sus dos menús degustación. Entre sus mejores platos hay que mencionar el "**Lenguado** con sabores del Mediterráneo", a la plancha con cinco diferentes salsas, o el "Cromatismo verde" que es un postre que mezcla helado de eucalipto con los sabores del limón, del aguacate y de diversas hierbas aromáticas.

Calle de Can Sunyer 48, Gerona, España.
http://www.cellerdecanroca.com

Astrid & Gastón

Es el primero de muchos restaurantes creados por Gastón Acurio, cocinero peruano, que ha llevado la gastronomía de su país a todo el mundo. El secreto de su cocina está en usar ingredientes de la mejor calidad y prepararlos con las mejores recetas de la cocina tradicional peruana. Una de ellas es el cebiche, plato fresco de pescado crudo con limón, cebolla y ají. Este plato de origen prehispánico, es uno de los platos estrella de la cocina novoandina, que es la versión contemporánea de la gastronomía peruana. El restaurante Astrid & Gastón combina la innovación de sus propuestas gastronómicas con un ambiente tradicional y **acogedor**.

Calle Cantuarias 175,
Distrito de Miraflores, Lima, Perú.
http://www.astrydygaston.co

GLOSARIO

sofisticado – *elegante, refinado*
chapulín – *saltamontes*
recrear – *crear o reproducir algo otra vez*
lenguado – *pescado de cuerpo ovalado y muy plano*
acogedor – *agradable, hospitalario*

Az **3.** Marca si las siguientes informaciones son verdaderas o falsas de acuerdo con el texto:

a. En los tres restaurantes los platos se basan en recetas tradicionales.   V ☐   F ☐

b. La Nueva Cocina Mexicana utiliza ingredientes que se usaban antes.   V ☐   F ☐

c. La cocina peruana ahora es conocida en muchas partes.   V ☐   F ☐

d. En el Celler de Can Roca se mezclan los sabores con los sentimientos.   V ☐   F ☐

e. En el Celler de Can Roca se puede comer solo a la carta.   V ☐   F ☐

4. Busca en el texto las palabras que corresponden a las siguientes definiciones y completa el crucigrama.

1. Plato que se prepara con pescado crudo.
_____

2. Son la vista, el olfato, el tacto, el gusto y el oído.
_____

3. Polvo que queda después de quemar algo.
_____

4. Instrucciones para la preparación de un plato.
_____

5. Impresiones que producen en el olfato las emanaciones que despiden las comidas, los perfumes...
_____

6. Prueba de alimentos o bebidas.
_____

7. Animal pequeño invertebrado con seis o más patas y normalmente con alas.
_____

5. Entra en las páginas web de los restaurantes del texto o de otros que te gusten y crea un menú degustación interesante para ti y para un acompañante a quien quieras sorprender.

PARA HABLAR DE

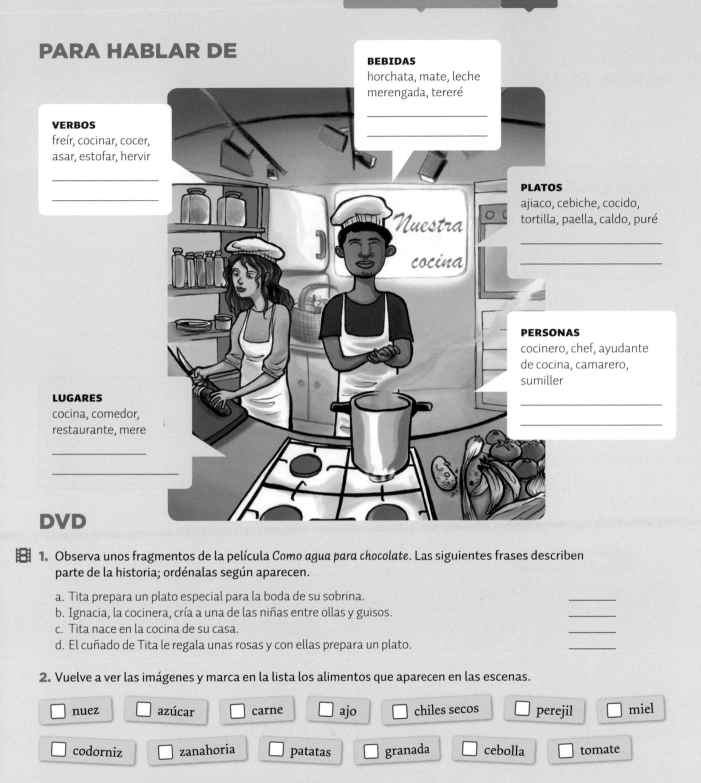

BEBIDAS
horchata, mate, leche merengada, tereré

_____

_____

VERBOS
freír, cocinar, cocer, asar, estofar, hervir

_____

_____

PLATOS
ajiaco, cebiche, cocido, tortilla, paella, caldo, puré

_____

_____

PERSONAS
cocinero, chef, ayudante de cocina, camarero, sumiller

_____

_____

LUGARES
cocina, comedor, restaurante, mere

_____

_____

DVD

1. Observa unos fragmentos de la película *Como agua para chocolate*. Las siguientes frases describen parte de la historia; ordénalas según aparecen.

a. Tita prepara un plato especial para la boda de su sobrina. _____

b. Ignacia, la cocinera, cría a una de las niñas entre ollas y guisos. _____

c. Tita nace en la cocina de su casa. _____

d. El cuñado de Tita le regala unas rosas y con ellas prepara un plato. _____

2. Vuelve a ver las imágenes y marca en la lista los alimentos que aparecen en las escenas.

☐ nuez   ☐ azúcar   ☐ carne   ☐ ajo   ☐ chiles secos   ☐ perejil   ☐ miel

☐ codorniz   ☐ zanahoria   ☐ patatas   ☐ granada   ☐ cebolla   ☐ tomate

3. Responde las siguientes preguntas y justifica tus respuestas.

¿En qué época se desarrolla la película?

¿Cómo crees que es la relación entre los miembros de la familia?

¿Cómo es la relación de la protagonista con la comida?

4. ¿Recuerdas alguna escena de cine o de televisión donde la comida sea importante? Haz una lista.

TAREA FINAL

1. Vas a hacer una guía gastronómica de tu ciudad o de tu país para gente de tu edad.

- Haz una lista de los restaurantes y sitios para comer más interesantes que conozcas y reflexiona por qué te gusta ir ahí.
- Describe la experiencia de ir a comer a cada uno de estos sitios. Escribe sus datos de contacto: dirección, teléfono, página web, etc.
- Finalmente dales una puntuación de 1 estrella a 5 estrellas (1 regular - 5 excelente) y otra de 1 a 5 € (1 barato - 5 muy caro).

2. Vas a inventar una carta con platos de España y Latinoamérica que creas que pueden tener éxito en tu país.

- Busca en internet información sobre platos poco conocidos y sus recetas.
- Elige platos con sabores que pueden gustar en tu país.
- Tienes que elegir varios entrantes, varios primeros, varios segundos y varios postres.
- Organiza la información como una carta de restaurante.
- Haz una presentación impresa, como blog o PowerPoint.

NO TE LO PIERDAS

✳ **Platos tradicionales del mundo hispano**
Alcapurrias (Cuba, Puerto Rico y República Dominicana)
Arroz caldo (Filipinas)
Arroz negro (España)
Bandeja paisa (Colombia)
Caldillo de congrio (Chile)
Causa limeña (Perú)
Chupe de camarones (Ecuador)
Chiles en nogada (México)
Hallacas (Venezuela)
Jocón chapín (Guatemala)
Locro criollo (Argentina)
Nacatamal (Nicaragua)
Picadillo de arracache (Costa Rica)
Pozole (México)

📖 **Literatura sobre comida**
Afrodita, de Isabel Allende
Como agua para chocolate, de Laura Esquivel

Pan, amor y grelos, de Manuel L. Alonso
Recetas para después de una guerra, de Luis Fausto Rodríguez de Sanabria
Tratado de culinaria para mujeres tristes, de Héctor Abad Faciolince

📶 **Blogs culinarios**
Cocina tu refri (cocina mexicana)
http://cocinaturefri.blogspot.com
Comida latinoamericana
http://comidasdelatinoamerica.blogspot.com
Delicias de la comida prehispánica
http://deliciasprehispánicas.bolgspot.com
El cocinero fiel (cocina española)
http://elcocinerofiel.com
El comidista (cultura y comida)
http://blogs.elpais.com/el-comidista
Recetas de cocina peruana
http://recetas-cocina-peruana.blogspot.com

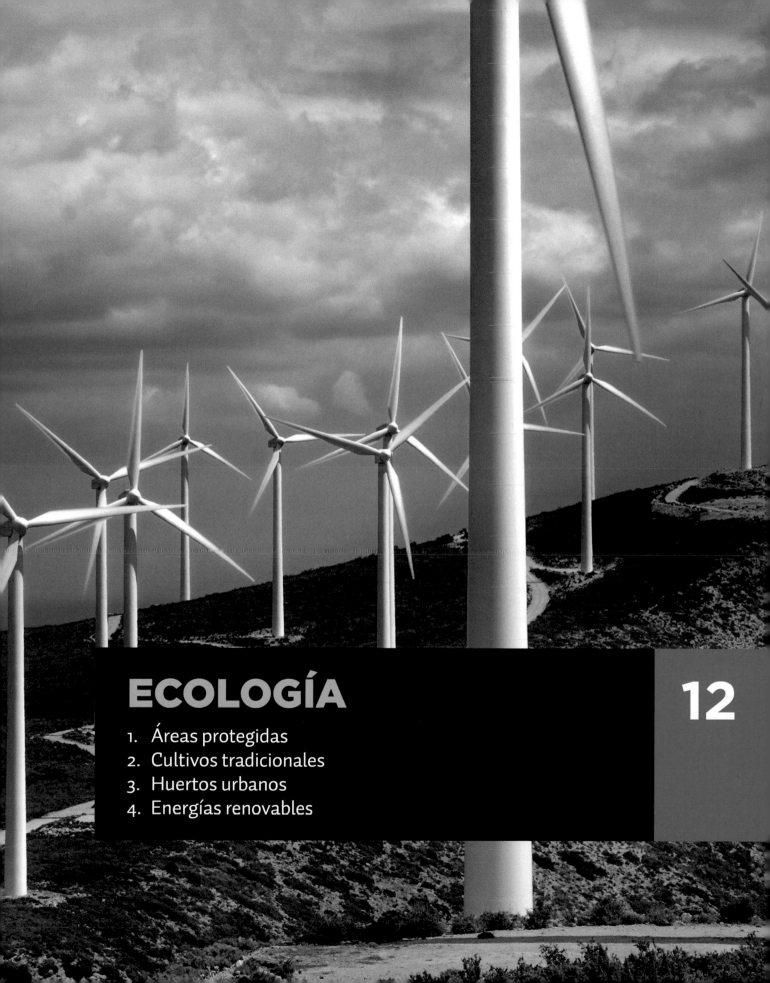

ECOLOGÍA

1. Áreas protegidas
2. Cultivos tradicionales
3. Huertos urbanos
4. Energías renovables

12

ÁREAS PROTEGIDAS

1. ¿Qué espacios naturales conoces y qué categorías para clasificarlos puedes mencionar (por ejemplo, parque nacional)? Escríbelas en tu cuaderno.

2. Lee el siguiente artículo y completa la lista de categorías del ejercicio anterior.

Unión Internacional para la Conservación de la Naturaleza y los Recursos Naturales (UICN)

Es una organización internacional que protege los **recursos naturales**. Se fundó en octubre de 1948 y sus oficinas están en Suiza. Reúne a más de 80 estados, casi 900 ONG y cerca de 11.000 expertos y científicos. La UINC ha definido una clasificación internacional de categorías para la gestión de las áreas protegidas que se usa en todo el mundo:

Parque Nacional Urkiola

I a – Reserva natural estricta (máxima protección)
Áreas de tierra o mar con **ecosistemas** excepcionales o especies de interés para estudio científico.

I b – Área de vida salvaje
Grandes espacios de tierra o mar que mantienen su carácter natural, sin presencia o con poca presencia de personas.

II – Parque nacional
Áreas naturales de tierra o mar destinadas a proteger sus ecosistemas e impedir su ocupación y explotación. También tienen un uso científico, educativo o recreativo.

III – Monumento natural
Áreas que contienen uno o más sitios de valor natural o cultural, excepcional por su rareza, cualidades estéticas o significado cultural.

IV – Área de gestión de hábitat/especies
Áreas de tierra o mar gestionadas para **preservar** el mantenimiento de **hábitats** o para satisfacer las necesidades de algunas especies.

V – Paisajes terrestres/marinos protegidos
Áreas de tierra, costa o mar donde la interacción de las personas con la naturaleza a través del tiempo ha producido un área de gran valor estético, ecológico o cultural.

VI – Área protegida de recursos gestionados
Áreas que contienen predominantemente sistemas naturales sin modificación, gestionados para garantizar la protección a largo plazo y el mantenimiento de la diversidad biológica.

¿SABÍAS QUE...
...la UINC también elabora una Lista Roja de especies amenazadas? Es el inventario más completo sobre el estado de conservación mundial de las especies vegetales y animales. Gracias a su sólida base científica, la Lista Roja de la UICN se considera la guía más acreditada sobre el estado de la **biodiversidad**.

GLOSARIO

recursos naturales – *elementos de la naturaleza que sirven como energía o como materia prima para fabricar cosas*
ecosistema – *conjunto de seres vivos que viven en un lugar e interactúan con él*
hábitat – *lugar con condiciones óptimas para la vida de plantas y animales*
preservar – *proteger, cuidar*
biodiversidad – *diversidad biológica. Variedad de especies animales y vegetales en su hábitat natural*

3. Marca con una X las categorías de la UINC que se adaptan a las siguientes afirmaciones:

	I a	I b	II	III	IV	V	VI
Permite presencia de personas							
Protege explícitamente la tierra y el mar							
Protege áreas de valor cultural							
Promueve el uso educativo							
Protege espacios naturales sin modificación							

Az 4. Busca en el texto la información para completar el crucigrama.

Verticales

1. Espacio, territorio, superficie de tierra o mar.
2. Espacio geográfico donde se aplican las siete categorías de áreas protegidas y los criterios para evaluar el riesgo de extinción de una especie.
3. Categoría de la UINC de máxima protección (dos palabras).
4. Sinónimo de lista o catálogo.

Horizontales

5. País donde están las oficinas de la UINC.
6. Elementos que conserva o protege la UINC (dos palabras).
7. Color de la lista de especies en peligro de extinción que elabora la UINC.

5. Entra en la página web de UICN (www.iucn.org/es) y busca información sobre cómo participar y cuáles son los próximos eventos que organiza. Elige una forma de participación y un evento internacional al que te gustaría ir. Justifica tus elecciones por escrito.

LA NATURALEZA A SALVO

1. ¿Conoces algún área protegida de tu país? ¿Y alguna de un país de habla hispana? Infórmate y haz una lista.

2. Lee los cinco ejemplos que tienes a continuación y comprueba si alguna aparece en tu lista.

Reserva natural estricta San Antonio

DÓNDE ESTÁ:	Argentina
CATEGORÍA UICN:	I a
CIUDAD CERCANA:	San Antonio (provincia de Misiones)
AÑO DE CREACIÓN:	1990
SUPERFICIE:	3040 hectáreas

CARACTERÍSTICAS: Conserva una de las últimas poblaciones **silvestres** de Argentina del pino paraná o curí, un árbol que alcanza los 30 metros de altura.

Monumento natural La Portada

DÓNDE ESTÁ:	Chile
CATEGORÍA UICN:	III
CIUDAD CERCANA:	Antofagasta (provincia de Antofagasta)
AÑO DE CREACIÓN:	1990
SUPERFICIE:	31,27 hectáreas

CARACTERÍSTICAS: Está en el océano Pacífico y destaca el accidente marítimo de **rocas sedimentarias** y restos **fósiles** que tiene forma de arco y mide 43 metros de alto.

Humedal del Río Máximo

DÓNDE ESTÁ:	Cuba
CATEGORÍA UICN:	IV
CIUDAD CERCANA:	Nuevitas (provincia de Camagüey)
AÑO DE CREACIÓN:	2002
SUPERFICIE:	22.000 hectáreas

CARACTERÍSTICAS: Es un ecosistema marino-costero extremadamente frágil y el lugar más grande del Caribe donde los **flamencos** hacen sus nidos.

Parque Nacional Corcovado

DÓNDE ESTÁ:	Costa Rica
CATEGORÍA UICN:	II
CIUDAD CERCANA:	Golfito (provincia de Puntarenas)
AÑO DE CREACIÓN:	1975
SUPERFICIE:	42.469 hectáreas

CARACTERÍSTICAS: Conserva el **bosque primario** más grande del océano Pacífico americano, junto con uno de los pocos restos de bosque tropical húmedo en el mundo. No hay otro lugar en el planeta de igual superficie con tanta diversidad biológica.

Parque Natural de Urkiola

DÓNDE ESTÁ:	España
CATEGORÍA UICN:	V
CIUDAD CERCANA:	Durango, Abadiano
AÑO DE CREACIÓN:	1989
SUPERFICIE:	5958,3 hectáreas

CARACTERÍSTICAS: Protege los valores naturales y paisajísticos, haciéndolos compatibles con la **explotación agrícola, ganadera y forestal** tradicional del lugar.

GLOSARIO

silvestres — *naturales*
bosque primario — *árboles originales del bosque, que nunca han sido afectados ni explotados por el ser humano*
rocas sedimentarias — *rocas formadas por pequeñas partículas de restos minerales*
fósiles — *restos muy antiguos de animales o plantas convertidos en piedra*
flamencos — *pájaros de color rosa y patas muy largas*
explotación agrícola, ganadera y forestal — *uso económico de la tierra, los animales y el bosque*

3. Contesta las siguientes preguntas sobre las áreas protegidas:

a. ¿Cuál es el área protegida más antigua? _____

b. ¿Cuál es la más pequeña? _____

c. ¿Cuál tiene el mayor grado de protección? _____

d. ¿Cuál protege explícitamente las actividades económicas tradicionales? _____

e. ¿Cuál es la única que se encuentra en el mar? _____

f. ¿Cuántas están en el hemisferio norte y cuántas en el hemisferio sur? _____

Az 4. Observa la foto de la página anterior. Usa palabras de la lista para describirla y piensa en tres más.

frío	grande	húmedo	ganadería	árboles	mar

vegetación	calor	biodiversidad	playa	seco	rocas

río	aves	agricultura	fósiles	paisaje

5. A. ¿Qué área protegida quieres conocer? ¿Por qué?

B. Busca información en internet y en la página web del área que has elegido y completa esta ficha:

Cómo llegar _____

Visitas _____

Actividades turísticas _____

¿SABÍAS QUE...

...Costa Rica ha cancelado gran parte de su deuda internacional a cambio de proteger la naturaleza? Actualmente tiene más de 30 áreas de conservación.

175

CULTIVOS TRADICIONALES

1. ¿Cuáles de estos cultivos piensas que son tradicionales o muy antiguos en el mundo hispano?

azafrán   ajo   soja   maíz   café   fríjol o judía

calabaza   col   lechuga   chile   zanahoria

2. Lee el siguiente texto y comprueba tus hipótesis.

AGRICULTURA CENTENARIA A AMBOS LADOS DEL ATLÁNTICO

MILPA

El nombre "milpa" es de origen azteca, de alrededor del siglo xv, y es una combinación de dos palabras de la lengua náhuatl: "milli", que significa "parcela sembrada", y "pan", que significa "encima" o "sobre". Literalmente es "lo que se **siembra** en la **parcela**". Los tres cultivos principales de la milpa son el maíz, el fríjol y la calabaza, complementado con el chile. Esta combinación de **cultivos** se utiliza con este nombre desde el centro de México hasta Costa Rica, incluyendo Guatemala, El Salvador, Honduras y Nicaragua. De esta forma, la milpa es la tierra o la "parcela", las especies vegetales y la diversidad productiva que crece sobre ella. La milpa también representa los conocimientos, la tecnología y las prácticas agrícolas. "Hacer milpa" significa realizar todo el proceso productivo, desde la selección del terreno hasta la siembra y la **cosecha**. La diversidad genética de las especies cultivadas, combinada con la diversidad de plantas silvestres, hacen de la milpa uno de los ecosistemas más ricos y complejos de la agricultura campesina.

AZAFRÁN

El azafrán es una **especia** que se cultiva en España desde el siglo IX. Fue introducida por los árabes y de ellos viene su nombre. Se obtiene de la flor del croco o "rosa del azafrán", una planta que necesita un clima seco y cálido en verano, y frío en invierno. La meseta de Castilla-La Mancha, en el centro de España, tiene ese clima y por eso es la principal región productora del país y una de las más importantes del mundo. El azafrán es el resultado de un largo proceso. La recolección de las flores y la separación de los **estigmas** se hace el mismo día. Luego viene el **tueste** para poder conservar el azafrán. Todo el proceso se hace a mano y prácticamente no ha cambiado a lo largo de la historia. Además, se calcula que son necesarios cinco kilos de **hebras** frescas para obtener un kilo de azafrán listo para usar. Por todo esto, el producto final es muy caro, y por eso es la especia más costosa del mundo.

GLOSARIO

siembra – *plantar semillas para cultivar plantas*
parcela – *porción pequeña de terreno*
cultivos – *vegetales que se plantan en la tierra para consumo de las personas*
cosecha – *recolección de los frutos que dan los cultivos*
especia – *planta aromática que se usa para dar sabor a las comidas, como la pimienta o la canela*
estigmas – *parte de las flores donde está el polen*
tueste – *proceso para eliminar el agua de un vegetal que se hace con calor*
hebra – *estigma de la flor de azafrán*

3. Completa la tabla con información de los textos.

	Milpa	Azafrán
Idioma de donde viene la palabra		
Momento histórico		
Plantas implicadas		
Trabajos relacionados		

Az 4. Traduce estas palabras a tu lengua y, después, encuentra un sinónimo en los textos.

condimento

_____   _____

plantas

_____   _____

guindilla

_____   _____

hilos, filamentos

_____   _____

caluroso

_____   _____

altiplanicie

_____   _____

variedad

_____   _____

área

_____   _____

5. Elige un cultivo tradicional de tu país o uno de la lista que hay en la última página de la unidad. A continuación, busca información en internet y escribe una ficha como las que acabas de leer. Incluye una foto.

¿SABÍAS QUE...

...fuera de las regiones donde se practica la milpa, este nombre se usa para los campos sembrados con maíz?

...la cosecha del azafrán debe hacerse en las primeras horas de la mañana porque el sol marchita la flor y la especia pierde calidad?

...se necesitan 85.000 flores para obtener un kilo de azafrán?

...a pesar de lo que se cree, el café comenzó a cultivarse masivamente en los países hispanos de América en el siglo XIX?

EL MOVIMIENTO "SLOW FOOD"

1. El movimiento se fundó en 1989 con el nombre "Slow Food" (comida lenta) en oposición a *fast food* (comida rápida). ¿Qué características piensas que tienen los alimentos que apoya este movimiento? Apunta tus ideas y luego lee el artículo para comprobar tus hipótesis.

La Comunidad de Madrid promociona los alimentos locales en el día 'Slow Food'

El Instituto Madrileño de Investigación y **Desarrollo Rural y Agroalimentario** (IMDRA) colabora en un día 'Slow Food', que se celebra este jueves en la Facultad de Ciencias Ambientales de la Universidad de Alcalá de Henares (en la foto), con un interés común en la difusión de alimentos de calidad que se producen en la Comunidad de Madrid.

El IMDRA, junto a algunos apicultores madrileños, va a centrarse en la difusión de las propiedades de la miel, de su conocimiento y en la degustación. Además, se presentará y desmitificará el polen apícola, aclarando conceptos sobre su **digestibilidad**, uso culinario y producción de alergias alimentarias.

En el espíritu del movimiento 'Slow Food' está la recuperación de antiguas especies locales en desaparición, la protección de las tradiciones gastronómicas, la elaboración de productos de calidad y su posterior venta sin intermediarios en **mercados próximos**.

Además de estos encuentros locales, el movimiento 'Slow Food' también organiza eventos a gran escala. Terra Madre es el encuentro de comunidades productoras de alimento llegadas de todo el mundo, para formar una red junto a distribuidores, cocineros, universitarios y personas que trabajan por una producción alimentaria responsable y justa.

Otra cita importante es el 'Salone del Gusto', un encuentro **bianual** que se realiza en Italia. Es un importante mercado de productos gastronómicos de calidad y, al mismo tiempo, un lugar de encuentro e intercambio entre las culturas del alimento. La edición 2010 contó con casi 1000 expositores y más de 200.000 visitantes.

GLOSARIO

desarrollo rural y agroalimentario – *acciones para mejorar las condiciones del campo y de los productos agrícolas usados como alimentos*
digestibilidad – *cualidad relacionada con la digestión de los alimentos*
mercados próximos – *compra y venta de productos de la región*
bianual – *cada dos años*

2. Di si estas frases sobre el texto son verdaderas o falsas:

a. El movimiento "Slow Food" apoya el uso de especies locales, la recuperación de tradiciones gastronómicas, el comercio de alimentos producidos en espacios cercanos y sin intermediarios. V ☐ F ☐

b. La Facultad de Ciencias Ambientales, el IMDRA y el movimiento "Slow Food" organizan un encuentro en Madrid. V ☐ F ☐

c. El IMDRA y algunos apicultores madrileños trabajan en la divulgación de las cualidades de la miel. V ☐ F ☐

d. Otros eventos que organiza el moviemto "Slow Food" son el encuentro "Terra Madre" y el "Salone del Gusto". V ☐ F ☐

e. El "Salone del Gusto" se hace todos los años. V ☐ F ☐

Az 3. Busca cinco palabras del texto que no conoces. A continuación, con ayuda del diccionario, tradúcelas a tu lengua. Por último, escribe una pequeña definición para cada una como en el ejemplo.

> *sensorial: adjetivo. > Palabra que se refiere a los sentidos.*

4. Además del concepto "comida lenta" también existen ciudades ("cittaslow") o restaurantes ("km o") con el mismo espíritu. Visita el sitio web de "Slow Food España" (www.slowfood.es) o "Slow Food Internacional" (http://www.slowfood.com/about_us/esp/welcome_esp.lasso) y escribe un pequeño texto informativo sobre la filosofía de estos restaurantes o ciudades.

¿SABÍAS QUE...

...algunas ciudades "cittaslow" de España son Begur, Lekeitio, Pals o Rubielos de Mora?
...hay restaurantes "km o" por toda España? Restaurante Los Arcos, en Asturias; restaurante Mina, en Bilbao; restaurante Quinoa, en Tarragona; restaurante El Sequé, en Alicante; restaurante Tribeca, en Sevilla...

⊖ *Begur (España) es una ciudad 'cittaslow'.*

HUERTOS URBANOS

1. A. Relaciona estos productos con sus nombres:

Los **huertos urbanos** son pequeños terrenos en medio de la ciudad donde los vecinos pueden cultivar de forma ecológica sus propias verduras. Tienen objetivos educativos, ambientales y recreativos. Pueden ser municipales, administrados por el ayuntamiento, o comunitarios, gestionados por los mismos vecinos.

1. tomate

2. patata

3. calabacín

4. naranjas

5. acelga

6. col

7. berenjena

8. cebolla

9. alcachofa

10. maíz

11. melocotones

12. lechuga

13. calabaza

14. rúcula

15. rabanito

16. albahaca

17. plátano

B. Clasifícalos en frutas, hierbas y verduras.

C. ¿Cuáles piensas que se pueden cultivar en un huerto urbano? Márcalos y luego comprueba tus respuestas con el audio a continuación.

2. María nos habla sobre un huerto urbano. Escucha y marca la respuesta correcta.

CD26

a. El "Forat de la vergonya" es un ☐ huerto comunitario ☐ huerto municipal

b. El huerto está en ☐ Zaragoza ☐ Barcelona

c. La producción del huerto ☐ se reparte entre los vecinos ☐ se consume en una comida popular

d. El huerto se desarrolla con ☐ la experiencia de los vecinos ☐ información técnica

e. El huerto ☐ no tiene compost ☐ tiene tres compost

Az **3.** A continuación, tienes una definición de palabras o expresiones que aparecen en la entrevista. Léelas e intenta relacionarlas con la palabra o frase que define.

Reclamos de los vecinos para conseguir algo	cosecha
Verano, otoño, invierno y primavera	compost
Recolección de frutas y verduras de las plantas donde crecen	estaciones del año
Volver a usar algo que normalmente va a la basura	lucha vecinal
Fertilizante natural que se obtiene por la descomposición de restos orgánicos	reciclar

4. Visita el blog "L'Hortet del Forat" (http://lhortetdelforat.blogspot.com/) y apunta qué otras actividades organizan. ¿A cuáles te gustaría apuntarte? ¿Por qué?

5. Investiga en internet sobre las verduras que puedes cultivar en el jardín o balcón de tu casa. Ten en cuenta el clima de la ciudad donde vives, el momento del año, la cantidad de sol... Escribe un pequeño texto.

ROSARIO: UNA SALIDA COLECTIVA A LA CRISIS

1. A. Imagina que tienes la oportunidad de hacer una entrevista sobre agricultura urbana en Rosario para luego escribir un artículo. Elige entre las siguientes preguntas las cuatro que te parecen más importantes.

a. - ¿Cuándo comenzaron los huertos urbanos en Rosario?
b. - ¿Qué actividades realiza la red de huerteros y huerteras?
c. - ¿Cuántos huertos hay actualmente en la ciudad?
d. - ¿Qué otros proyectos promueve la municipalidad?
e. - ¿Hay algún proyecto relacionado con la transformación de cultivos?
f. - ¿Qué objetivos tienen los "parqueshuerta"?

> **Rosario** es una ciudad de Argentina, ubicada en el centro-este del país, a orillas del río Paraná. Tiene clima templado y húmedo, y es la tercera ciudad más poblada.

B. Ahora lee el artículo y busca las respuestas a las preguntas que has elegido.

Rosario: una salida colectiva a la crisis

Con la crisis argentina de 2001, parte de la población de Rosario buscó en la agricultura urbana una alternativa para asegurar su subsistencia. Entonces se formó la Red de Huerteras y Huerteros, que ha ganado fuerza con el paso del tiempo: realiza ocupaciones de terrenos y negocia con las autoridades.

Gracias a este trabajo constante, hoy el Programa de Agricultura Urbana del Gobierno local ofrece recursos y capacitación a los hortelanos e integra el desarrollo de huertos comunitarios con la mejora del espacio público y la calidad de vida. Además, favorece el acceso a alimentos ecológicos y el desarrollo local.

Rosario tiene en la actualidad 640 huertas para consumo comunitario y 140 que comercializan sus productos en seis mercados semanales. Con el proyecto de **Agroindustrias** Urbanas Sociales, la **municipalidad** promueve la creación de empresas de gestión comunitaria y asegura la **tenencia de los terrenos**, la capacitación, la distribución de **herramientas** y semillas y la integración de la producción en circuitos de comercialización.

Otro proyecto, el de "parqueshuerta para la regeneración de vacíos urbanos", busca la revitalización del espacio público y la integración en la ciudad de usos productivos (cultivo ecológico de hortalizas, flores aromáticas), educativos y recreativos. El proyecto está gestionado por los vecinos y vecinas con la supervisión de un equipo técnico municipal.

GLOSARIO

agroindustrias – *industrias relacionadas con la agricultura*
municipalidad – *ayuntamiento, gobierno local*
tenencia de terrenos – *posesión de tierras*
herramientas – *instrumentos que se usan para trabajar*

2. Visita la sección de "Agricultura urbana" de la web de la Municipalidad de Rosario (http://www.rosario.gov.ar/sitio/desarrollo_social/empleo/proyectos.jsp#) y apunta qué proyectos está desarrollando relacionados con el tema. Elige uno para explicarlo en clase.

ENERGÍAS RENOVABLES: DOS REALIDADES DIFERENTES

Az 1. Relaciona las siguientes fuentes naturales de energía con su nombre:

ríos

viento

sol

calor interno de la tierra

mareas

eólica

mareomotriz

hidroeléctrica

solar

geotérmica

> *La **energía renovable** es la que se obtiene a partir de fuentes naturales inagotables.*

2. ¿De qué dos países de habla hispana crees que es la siguiente información? ¿Colombia, España, Perú, Uruguay o Venezuela? Justifica tu respuesta.

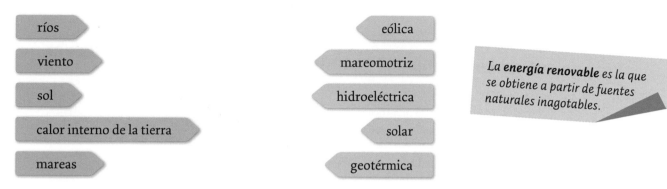

País:
– La mitad de la energía renovable es eólica.
– El viento es la tercera fuente de energía del país.
– Es el segundo productor mundial de energía eólica.
– Es uno de los países de Europa con mayor cantidad de horas de sol.
– Es uno de los primeros países del mundo en investigación, desarrollo y aprovechamiento de la energía solar.
– Tiene las dos plantas solares más grandes del planeta.
– Desde 2006, es obligatoria la instalación de paneles solares en edificios nuevos.

País:
– Casi un tercio de la electricidad del país proviene de los ríos.
– La segunda fuente de energía renovable es el viento.
– Una buena explotación eólica podría producir más energía de la que el país necesita.
– La calidad de los vientos es comparable a los de la Patagonia argentina y chilena, que tiene los mejores vientos para producir energía de América Latina.
– La línea del Ecuador pasa por su territorio, por eso el sol como fuente de energía es muy favorable.
– La cordillera de los Andes ofrece un potencial alto de energía geotérmica.

3. Busca información en internet sobre tu país y escribe cinco frases sobre la situación de las fuentes de energía.

UNA APUESTA POR ENERGÍAS MÁS LIMPIAS

1. ¿Qué energías no renovables conoces? ¿Cuál consideras que es la más contaminante? ¿Y la más peligrosa? Lee el siguiente artículo que habla sobre una de ellas.

Los vecinos de Lorca impiden la construcción de una central nuclear

—— LORCA, 13 DE MAYO DE 2011

En los años setenta, la compañía eléctrica Iberdrola quiso construir una central nuclear en la costa de Águilas, a unos 20 kilómetros de Lorca, donde el pasado miércoles hubo un **terremoto** que provocó nueve muertes, dañó el 17% de los edificios y dejó en la calle a miles de ciudadanos.

En relación con el proyecto de una central nuclear en Águilas, la oposición de los vecinos de entonces, muchos residentes en el municipio de Lorca y de otras localidades próximas, la caída de la demanda eléctrica y la **moratoria nuclear** paralizaron el proyecto que nunca salió de los planos. Era la única central que se planeó construir en una zona sísmica en España.

El lugar donde la compañía eléctrica Iberdrola había planeado en los años setenta situar la central nuclear en Águilas quedó finalmente fuera de los planes de construcción y actualmente es uno de los mayores parajes naturales del Mediterráneo.

Ahora, el actual Gobierno autónomo de Murcia, la compañía Iberdrola, propietaria de los terrenos, y otras empresas inmobiliarias, pretenden levantar decenas de miles de viviendas en el proyecto urbanístico conocido como Marina de COPE.

Tras la crisis de Fukushima, el Consejo de Seguridad Nuclear de España ha destacado que en la Península no hay instalaciones atómicas en zonas de **riesgo sísmico**. Gracias a la lucha de sus vecinos, Águilas no tiene ninguna central nuclear.

GLOSARIO

terremoto – *movimiento brusco de la superficie de la tierra*
moratoria nuclear – *suspensión temporal de construcción de centrales nucleares*
riesgo sísmico – *probabilidad de terremotos*

2. Busca en el texto palabras o frases relacionadas con:

Energía	Lugares geográficos	Proyectos

PARA HABLAR DE

LUGARES
ciudad, huertos urbanos,
áreas protegidas, bosque,
costa, campo
_____
_____

ACTIVIDADES
agricultura, turismo,
generación de energía
_____
_____

PERSONAS
guarda forestal, agricultor,
hortelano, turista, estudiante
_____
_____

ENERGÍAS RENOVABLES
eólica, solar, hidroeléctrica
_____
_____

DVD

1. Observa los primeros minutos del vídeo sin sonido y responde:

a. ¿Qué crees que reclama el grupo de personas? _____

b. ¿Qué tipo de industria hay al fondo de las imágenes? _____

c. ¿Con qué tema de esta unidad lo relacionas? _____

2. Ahora vas a ver el fragmento completo y con sonido. Confirma tus respuestas y responde a estas otras preguntas.

a. ¿Cuántos años lleva luchando Federico? _____

b. ¿Qué acción piensa hacer como forma de protesta? ¿La hace o cambia de acción? _____

c. ¿Qué relación familiar tiene el hombre joven con Federico? _____

3. ¿Hay algún problema similar en la región donde vives en tu país, o en tu ciudad? Explica brevemente cuál es para ti el problema medioambiental más grave de tu país.

TAREA FINAL

Con los conocimientos que ahora tienes sobre ecología, elige una de estas actividades y desarróllala.
Luego la presentarás en clase.

1. Vas a hacer un diccionario ilustrado sobre ecología.

- En tu lengua, haz una lista de entre 15 y 20 palabras o expresiones relacionadas con la ecología que consideras importantes.
- Tradúcelas y escribe una definición; por ejemplo: *"Energías renovables: son las que se obtienen de fuentes naturales inagotables, como el sol o el viento."*
- Ilustra algunas con una foto.
- Presenta el diccionario en formato de libro, póster o PowerPoint.

2. Vas a escribir un texto para un blog sobre uno de los capítulos de la unidad con información sobre tu país.

- Elige uno de los cuatro capítulos y busca información en internet, en libros y revistas, en agencias de viaje... Dependiendo del tema, puedes informarte sobre:
  - ubicación
  - clima
  - excursiones y actividades (recreativas, culturales...)
  - ciudades cercanas
  - información útil para los visitantes (cómo llegar, recomendaciones, mejor época del año para ir...)
  - galería de fotos y un mapa de ubicación

NO TE LO PIERDAS

⌘ Parque Nacional Los Glaciares, Argentina
Parque Nacional y Área Natural de Manejo Integrado Kaa Iya del Gran Chaco, Bolivia
Reserva Nacional Magallanes, Chile
Parque Nacional Natural Los Nevados, Colombia
Área de Conservación Cordillera Volcánica Central, Costa Rica
Parque Monumento Nacional Bariay, Cuba
Parque Nacional Galápagos, Ecuador
Parque Nacional del Teide, Islas Canaria, España
Reserva de la biosfera Trifinio, Guatemala
Parque Nacional Cusuco, Honduras
Reserva Natural Laguna de Tiscapa, Nicaragua
Reserva Ecológica Itabó, Paraguay
Parque Nacional Huascarán, Perú
Reserva de Flora y Fauna Dr. Rodolfo Tálice, Uruguay
Monumento Natural Meseta la Galera, Venezuela

⌘ Otros cultivos tradicionales del mundo hispano son:
La quínoa en Colombia y Bolivia
El arroz y el trigo en España
El henequén y el nopal en México
La papa en Perú y Bolivia
La pitahaya y la yuca en Centroamérica

📖 *El huerto familiar ecológico,* de Mariano Bueno
El huerto urbano. Manual de cultivo ecológico en terrazas y balcones, de Josep M. Vallés

🔊 huertosurbanosbarcelona.wordpress.com
redhuertosurbanosmadrid.wordpress.com
www.sembradoresurbanos.org (huertos urbanos en Ciudad de México)